互联网时代下高校教育教学创新研究

舟　舟　冯晨静　齐建云　著

中国原子能出版社

图书在版编目（CIP）数据

互联网时代下高校教育教学创新研究 / 冉冉，冯晨静，齐建云著. —北京：中国原子能出版社，2019.12（2021.9重印）
ISBN 978-7-5221-0319-8

Ⅰ．①互… Ⅱ．①冉… ②冯… ③齐… Ⅲ．①高等学校—教学研究 Ⅳ．①G642.0

中国版本图书馆CIP数据核字（2019）第283723号

互联网时代下高校教育教学创新研究

出版发行	中国原子能出版社（北京市海淀区阜成路43号 100048）
责任编辑	杨晓宇
责任印刷	潘玉玲
印　　刷	三河市南阳印刷有限公司
经　　销	全国新华书店
开　　本	787mm*1092mm 1/16
印　　张	7.875
字　　数	83千字
版　　次	2019年12月第1版
印　　次	2021年9月第2次印刷
标准书号	ISBN 978-7-5221-0319-8
定　　价	45.00元

网址:http//www.aep.com.cn　　　E-mail:atomep123@126.com
发行电话:010-68452845

前　言

　　当前，以信息技术、互联网等为代表的新型技术正在向人类生活的各个领域渗透。伴随着互联网技术的日新月异，"互联网+"给高校带来的不仅仅是技术层面的革新，更是对教育理念、教学模式、学习方式、教学评价以及人才培养等方面深层次的影响。在高校教育教学变革过程中，应该如何运用互联网技术转变教学理念，如何利用互联网技术转变课堂教学模式，如何促进互联网与教学过程有机融合并推动这种新方式持续向前发展，这些问题都值得进行仔细深入的思考。

　　鉴于此，笔者撰写《互联网时代下高校教育教学创新研究》一书，全书在内容编排上共设置四章：第一章从互联网时代下与高校教育教学创新出发，阐述了互联网时代兴起及其引发的思维变革出发、我国高等教育的发展任务及其趋势、互联网时代对我国高校教与学产生的影响、高校教学改革的必然趋势："互联网+教育"；第二章对互联网时代下高校教育教学方式的改革创新进行全面论述，包括互联网时代高校教育教学方式变革发生的动因、变革指导理念及发展重构、变革中存在的问题及其成因、促进高校教育教学方式变革的若干建议；第三章系统阐述了互联网时代下高校课堂教学创新研究，内容涉及互联网时代引发的高校课堂教学新变革、高校课堂教学变革中的问题、深化高校课堂教学变革的策略；第四章解读了互联网时代高校定制化教学创新研究，内容涵盖教学的理论透视、教学可行性分析、教学的理念创新、教学的系统构建、教学的系统构建。

本书立足于互联网这一时代背景，对高校的教育教学方式创新、高校课堂教学创新、高校定制化教学创新相关内容进行深入分析，将以互联网为主导的高等教育改革和高校教学模式改革的新起点、新思路和新方向展现在读者面前，同时也能带领读者进行新的思考，旨在为高校的教育教学创新工作提供一定的理论指导。

笔者在撰写本书的过程中，得到许多专家学者的帮助和指导，在此表示诚挚的谢意。由于笔者水平有限，加之时间仓促，书中所涉及的内容难免有疏漏之处，希望各位读者多提宝贵意见，以便笔者进一步修改，使之更加完善。

作　者

2020年1月

目　录

第一章

互联网时代下高校教育教学创新概述

　　随着网络信息技术的飞速发展，我国高校为顺应时代发展潮流，开始积极地对自身教学结构与教学方式进行优化调整。本章围绕互联网时代兴起及其引发的思维变革、我国高等教育的发展任务及其趋势、互联网时代对我国高校教与学产生的影响、高校教学改革的必然趋势："互联网+教育"这四部分内容对互联网时代下高校教育教学创新进行阐述。

第一节　互联网时代兴起及其引发的思维变革

2012 年 11 月 14 日，于扬在第五届移动互联网博览会上发表题为"所有传统和服务都应该被互联网改变"的演说，他指出移动互联网的本质离不开"互联网+"，一切传统行业和服务业都应该被互联网改变，如果这个世界还没有被互联网改变，它一定是不对的。

2015 年 3 月 5 日，李克强总理在中共十二届全国人大三次会议报告中明确指出：制定"互联网+"行动计划，让云计算、移动互联网、大数据等与现代制造业结合，将促进工业互联网、电子商务和互联网金融健康发展，使得中国产业结构向中高端层次迈进。

"互联网+"对社会产生的影响越来越大，连文学也概莫能外，《人民日报》2015 年第 16 版上有半版就是关于"互联网+"能改变文学形态的内容。

作为一种新的经济形态，"互联网+"正以跨界融合、创新驱动、重塑结构、尊重人性、开放生态、连接一切等特点，重塑社会的各个产业，它将充分利用互联网在生产要素配置中的集成优化作用，从底层上改造传统行业，使得各行各业在效率和质量上都获得发展、得到提升。

如今，互联网好比一张巨大的蜘蛛网，包裹着整个世界。据2019年的《中国互联网发展报告2019》显示，截至2019年6月，中国网民规模为8.54亿人，互联网普及率达61.2%，网站数量达518万个。

由此可见，互联网思维已经渐渐渗透、沉淀、并内化到人们的认知结构中。而所谓互联网思维是指在互联网时代下的一种思考方式，它是以用户为中心、注重知识分享与传播、去中心化的一种思维方式。这种思维方式不单单是面向互联网世界的，而且是面向整个人类世界的方方面面。作为一种基于海量数据和丰富资源的立体网状思维，互联网思维首先要求人们要高度重视并利用互联网，这是互联网思维的本质需要，也是互联网时代的根本需要，因为只有重视互联网，人们才会拥有互联网思维，才会积极主动地思考如何利用互联网实现创造性劳动。其次互联网思维要求人们按照互联网平等、开放、互动和分享的特征以及规律去思考和处理问题。

在互联网时代，人们必须用互联网所规定的思维方式去审视当下的一切事物。互联网思维要求一切以人为中心、用户至上。互联网思维是用户至上、体验为主、免费服务和颠覆创新的思维方式。在这里"用户至上"非常重要，只有满足用户的刚性需求，"互联网+"行动能变为现实。相反，不了解用户所需，便无法拥有使用对象、无法实现互联互通。因此，"互联网+教育"势必以互联网为基础和要素的变革思路，通过创新教育组织模式、服务模式以及教学模式，构建一个数字化的新型教育生态。

第二节　我国高等教育的发展任务及其趋势

一、我国高等教育的主要发展任务

2010年7月，我国颁布实施的《国家中长期教育改革和发展规划纲要（2010—2020年）》（简称《纲要》），对新形势下我国高等教育的发展提出明确的目标和要求。

《纲要》指出："当今世界正处在大发展大变革大调整时期。世界多极化、经济全球化深入发展，科技进步日新月异，人才竞争日趋激烈。我国正处在改革发展的关键阶段，经济建设、政治建设、文化建设、社会建设以及生态文明建设全面推进，工业化、信息化、城镇化、市场化、国际化深入发展，人口、资源、环境压力日益加大，经济发展方式加快转变，都凸显了提高国民素质、培养创新人才的重要性和紧迫性。中国未来发展、中华民族伟大复兴，关键靠人才，基础在教育。面对前所未有的机遇和挑战，必须清醒认识到，我国教育还不完全适应国家经济社会发展和人民群众接受良好教育的要求。教育观念相对落后，内容方法比较陈旧，中学生课业负担过重，素质教育推进困难；学生适应社会和就业创业能力不强，创新型、实用型、复合型人才紧缺；教育体制机制不完善，学校办学活力不足；教育结构和布局不尽合理，城乡、区域教育发展不平衡，贫困地区、民族地区教育发展滞后；教育投入不足，教育优先发展的战略地位尚未得到完全落实。接受良好教育成为人民群众强烈期盼，深化教育改革成为全社会共同心声。"

对我国高等教育的发展，《纲要》提出："到2020年，基本实现教育现代化，基本形成学习型社会，进入人力资源强国行列。实现更高水平的普及教育。基本普及学前教育；巩固提高九年义务教育水平；普及高中阶段教育，毛入学率达到90%；高等教育大众化水平进一步提高，毛入学率达到40%；扫除青壮年文盲。新增劳动力平均受教育年限从12.4年提高到13.5年；主要劳动年龄人口平均受教育年限从9.5年提高到11.2年，其中受过高等教育的比例达到20%，具有高等教育文化程度的人数比2009年翻一番。"

在《纲要》的总体战略部分，对我国高等教育的发展明确提出以下五个方面的发展任务。

（一）全面提高高等教育的质量

《纲要》指出："高等教育承担着培养高级专门人才、发展科学技术文化、促进社会主义现代化建设的重大任务。提高质量是高等教育发展的核心任务，是建设高等教育强国的基本要求。到2020年，高等教育结构更加合理，特色更加鲜明，人才培养、科学研究和社会服务整体水平全面提升，建成一批国际知名、有特色、高水平的高等学校，若干所大学达到或接近世界一流大学水平，高等教育国际竞争力显著增强。"[①]

（二）提高人才的培养质量

高校工作中的重中之重是对于人才的培养，除了要重视对人才专业知识的培养外，还应该重视人才的品德、信念以及创新等方面的培养。

第一，要培养专业过硬的人才需要对教学重视。教师考核的首要标准是教学，为学生授课应该作为重点，此外，学校还需要增加教学专用基础设施，比如实验室的建设和实习基地等。

第二，对于教学还应该有一系列改革措施。在日常教学方面，对学生测试为弹性学制，应对此进行完善，并且在学制方面有一定的弹性空间，文理科学习多融合。学生除了学习日常文化课之外，还可以参与实践任务，比如科学研究，可以增强学生的实践能力。同时，增加就业指导内容和创业指导课程。学校、科研机构以及社会企业等强强联合的机制，可以更好地挖掘优秀人才。

第三，严格对待教学管理。教学质量的评估体系要健全，需要不断改进教学评估机制。对于刻苦学习的学生要及时鼓励，同时调动学生的学习积极性，培养学生的学风，重视对诚信等品德的培养。

第四，对于研究生的培养要紧跟时代，改革培养机制。目前，在培养研究生方面，采取的机制是"双导师机制"，以科学与工程技术研

---

① 王宝堂. 当代高等教育管理与实践路径研究［M］. 青岛：中国海洋大学出版社，2018。

究为主，导师项目资助制为次的"双导师制度"，还应该重视对研究生创新能力的培养，进而培养高质量的博士生。

（三）提升科学研究水平

高校创新一直在国家创新体系中占有重要位置，高校创新具体体现为区域创新、技术创新、国防科技创新和知识创新，并且在创新领域取得一定成就。与此同时，还应该开展哲学社会科学、自然科学和技术科学方面的研究。创新应该和国家发展目标相贴合，以目前社会生活中遇到的实际问题为主要目标，进而加强基础和应用研究。

企业科技、高校、科研院所等应该资源共享，使科研和教学相结合，进而推动高校创新模式，还需要将创新型人才和科研、教学三者强强结合。释放研究生的科研能力，让其发挥出科研能力。此外还应该重视对创新平台和新基地的创建，互联网时代下的科研评价为双导向机制，创新和质量并重。对于马克思主义理论研究和建设工程，要积极参与，此外更要积极实施"高等学校哲学社会科学繁荣计划"。

（四）增强社会的服务能力

高校在培养人才的同时，还要为社会展开全方位服务，体现在要注意对科技成果进行转化，校办产业更应该规范并且将产与学两者结合起来，让所有社会成员都有继续接受教育的机会。重视对科学知识的普及，全方面、多层次提升社会成员的科学素养和文化素养。为此，高校在文化传播过程中扮演着不可忽视的角色，高校应重视对传统文化传播以及先进文化的发展。高校中人才济济，可以定期开展研究讨论，共享集体智慧，发表具有前瞻性的探讨，还应鼓励高校师生提升志愿服务意识。

（五）优化结构办出的特色

高等教育结构并非一成不变，高校培养人才是为了服务国家和人民，高校培养机制应该顺应国家和社会发展服务的需求，并随时调整。学科之间可以交叉融合，培养人才也应该全方位、多层次，并且学科层次、专业、类型也要随之优化。人才培养也要从之前的单一、单项模式转为应用、复合、技能三者相结合的模式。针对专业性硕士的培养加快步伐。合理布局区域结构，使资源分配更合理。促进中西部高等教育的发展，还需要适当倾斜教育资源给中西部高等教育地区，适当扩大对中西部人才招揽规模，并且增大招揽力度。在教育发展方面，应该鼓励东部地区优先发展后带动中西部地区的发展。此外，军队人才的培养方针是军民结合、寓军于民。

高校管理应该分门别类地进行管理。高校在建立和发展中要形成自己的办学特色和独特理念，不随波逐流，有属于自己的特色，才可以在不同领域发挥出高校应有的价值。

争创一流大学和一流重点学科，"985工程"和"211工程"的建设要以重点学科建设为基础，并加强建设学科的创新平台。在管理方面，高校要以良性竞争为主，定期评估绩效，形成一种良性的动态管理。高校中的优质学科应与世界接轨，从而走向世界，参与国际组织活动计划，与国外高水平教育科研机构交流沟通合作，才能够为国家培养大量优秀人才，为我国综合国力奉献力量。

中国特色现代大学制度也在《纲要》中进行了完善，并提出了相应要求。高等院校的治理结构要进行完善。《纲要》指出在党委领导管理下采取的校长管理负责制度，有关校长选拔以及任用制度一应完善。高校制度建设以及决策等内容要补充完善，贯彻党委和校长相应职权。对于学校的学术发展、学科建设以及学术评价等内容，需要学术委员会全力配合和指导。

高校教授不仅只有治学作用，他们在学校管理、教学和学术研究等方面也有一定作用，需要充分挖掘教授潜力，还需要注意群众团体的重要性，加强建设与管理学生代表大会和教职工大会。学校有相对应的规章制度，即应该加强管理学校的规章制度建设，按章程管理学校。学校是为国家培养建设性人才的地方，要培养高学历和高水平人才，要为他们提供优秀的学习科研环境和学术环境，尊重并鼓励学术自由。此外，还需要注意考核标准应该科学化，对教职工采取鼓励机制。学校可以适当地加强与社会企业合作，并且管理制度要跟上时代发展成立理事会或者董事会，督促学校健康长期发展。同时，适度加强与企业合作，促进彼此间资源共享，增强社会服务意识，也在某种程度上推动了学校后勤与社会接壤，促进其社会化变革。

高等院校在课程、学科教学和专业等水平和质量评估方面，有一套考核评价制度，在这一制度基础上还可以采取更专业的评价，可以和社会专业机构和某些特定中介机构合作，让其进行专业评估。这样做，可以更加高效快速地建立起规范、全面且科学的评价标准和评估制度。高校发展要有相应特色，需要高校注重与世界范围内高水平的教育评估机构合作，才能够获得长足发展，形成一套独具特色的评价制度。

二、我国高等教育的发展趋势研究

我国高等教育的改革面临以下几个新的任务。

（一）发展方向方面

未来我国的高等教育要以提高质量为导向。提高教学质量是各级各类学校办学的永恒主题。教育部从2003年开始实施"高等学校教学质量与教学改革工程"，此后每年都把提高教学质量作为工作重点，之后又启动规模更大的"教学质量工程"。《国家中长期教育改革和发展规划纲要（2010—2020年）》提出：

高等教育承担着培养高级专门人才、发展科学技术文化、促进现代化建设的重大任务。提高质量是高等教育发展的核心任务，是建设高等教育强国的基本要求。到2020年，高等教育结构更加合理，特色更加鲜明，人才培养、科学研究和社会服务整体水平全面提升，建成一批国际知名、有特色、高水平高等学校，若干所大学达到或接近世界一流大学水平，高等教育国际竞争力显著增强。①

（二）发展路径方面

目前，我国高等教育的发展趋势是向世界一流大学和高水平大学靠近，高校要获得长足发展，需要重视人才培养，尤其是创新型人才，有助于我国获得大量优质人才，成为创新型国家。要实现这一目

---

① 陈启文．论我国高等教育的发展趋势 [J]．湖南社会科学，2006，（5）：163–165．

标，高校需要有更开阔的视野和坚定的信念、执着的目标以及平和且开放的心态。与此同时，国家应该对此加大投入，采取一系列有效措施，加快国内高校成为世界一流大学的步伐。

（三）发展机制方面

高等学校要成为双一流高校，需要有良性且健康并能长足发展的机制，这一机制也要求高校在进行自我管理和约束的同时展开自我发展。我国很多高校在发展中，尤其是转型时期的发展机制并不健全，更加注重学生数量以及学校规格和学校名字的变化。这样的发展机制不利于高校的可持续发展，对此，高校应该建立以高质量为主且良性的发展机制。此外，高校在发展过程中可能会出现外延式的发展，更需要可持续发展良性机制的制约，以此获得长足健康的发展。

（四）改革内容方面

政府管理和学校管理是相辅相成的关系，学校有自主办学的权利，但是中央和地方政府有对高等学校的管理权限，所以需要处理好两者之间的关系。高校要落实自主办学的权利，政府的行政权力也要严加规范，才可以促进高校内部体制改革，完善学校管理制度，形成有法可依的高校法律治理结构。

高校采取校长负责制度，需要在党委领导的指导下，健全学校管理体系。高校内的重要决策、议事和监督机制，需要教授积极参与并起主导作用。高校制度应采取法律监督和民主管理双层模式，重视对高校的法律监督，还应该有相对应的民主管理制度，鼓励师生积极参与。

（五）我国高等院校的新变化

1. 高校功能发生重大变化

高校需要持续良性发展，需要进行一系列体制变革，而变革前提是了解高校的功能定位，也是实施改革的必要性。高校有社会服务、培养人才和科研三大功能。除此之外，高校还有创造知识、培养精英、科技创新等能力，这些能力可以推动社会发展，影响社会文化，属于高校在社会功能方面的体现。

高校可以在提升全民素质、培养学术型人才的同时，传播文化经典以及学术思想，除此之外，高校还可以让学生了解最新的政治形态和实事时态。我国社会发展需要大量人才，而高校的功能之一是培养高质量人才，为社会提供优质的人力资源。高校各项功能的实现，需要进行管理体制的改革，这些改革机制能够充分调动学生和教师各方面的积极性，提高教师教书育人等能力，从而实现培养优质学生的目标。

2. 高校管理权力主体发生重大变化

在我国计划经济体制作用下，对于高校管理，政府的集权式管理也起到重要作用，并且处于教育的垄断地位。随着经济体制变革，政府在教育中的垄断地位不再合适，需要适当作出改变，高校管理权力的主体发生变化，教育资源增多，从以往对少数人的精英教育转为对多数人的大众教育。高等教育也由原来纯粹的公共产品变为准公共产品，政府以及非政府可以为教育服务产品提供生产和供给途径。

3. 服务产品的高校教育效用发生根本性改变

大学生的求学目标，也就是服务产品的高校教育效用的含义并非一成不变，其含义范围也十分广泛。不同时期，大学生的求学目标不同，比如在计划经济体制时期，大学生的求学目标是成为国家干部。于是，高校教育成为大学生的"公共产品"。大学生发展为国家干部后，从某种意义上讲就要为国家奉献自己的一生，要为"国家"工作。这个时期的换工作不是现在意义上的"跳槽"而是"调动"。大学生掌握的知识不是个人智力产物，而是"公共产品"，不考虑付出和回报以及产出和投入比。与当代大学生相比，当代大学生的目标多样化，高校教育不再是"公共产品"。

当代大学生接收高等教育不仅是为了提升自我素质，更多的是在于培养创业能力、职业技能能力，进而实现自我价值。高等教育由以前的"公共教育"变为"准公共产品"，从效用形式上讲，从之前的单一变为多元，在效用方式上也由原来的长期性变为非长期性。不仅如此，边际报酬的增加和减少也会影响个人教育的产出与投入。

4. 高校教育形式发生新的变化

高等教育的形式也发生了变化，从传统校园教育逐渐演变为多种教育模式，比如网络教育、远程教育以及成人教育等。所以，当下高校教育的教学模式要加快改变进程，从之前的"填鸭式"教学逐渐过渡为"逻辑推理式"的教学模式。在以往的教育模式中，教师处于重要地位，但是这种教育模式随着教育资源的短缺和扩招等原因，已经无法跟上时代节奏，所以需要进行相应改革。

新的教育形式更侧重自由的教学模式、课堂讨论以及多样化的教学资源和变化多样的案例教学；此外，考试制度也更加开放，这些都为高校改革带来新气象。值得注意的是，在这一系列改革过程中，有称赞也有质疑。所以，对于我国高校教育形式改革还有很长一段路要走。

第三节　互联网时代对我国高校
教与学产生的影响

凡事都有两面性，互联网时代也不例外。互联网时代给我国高校教与学带来的影响是两方面的，既有积极的，也有消极的。高校教与学既要利用积极影响因素，也要针对消极影响因素做好措施。互联网时代对我国高校教与学的积极影响提供了教育变革的新引擎。

一、提供教育变革的新引擎

科学技术与教育的关系既密不可分，也相互促进，两者并不矛盾，科学技术的进步势必会对教育的发展产生一定的积极作用，同时教育也会培养出优秀的人才，这些优秀的人才将会继续推动科学技术的进步。首先，科学技术可以改变教育者的观念。教育者的思想观念、知识水平和结构在一定程度上是由科学技术发展的水平所决定的。科学技术不仅可以影响国家对教育内容的筛选，而且也会影响到教师的教学理念以及教师对教学方法的选取与使用。其次，科学技术的发展可以促使教学内容不断变革、教学方法不断改进、课程体系不断优化。这样不但可以丰富教学内容，而且还会使课程体系更加的完善。最后，科学技术对教育技术也有积极的影响。科学技术可以源源不断地给教育技术的变革和发展提供思想基础和技术保障。①

20世纪以来，随着新传播工具的出现，高校教学也开始采用新的科技产品。这些新科技的应用，一方面提高教师的教学效率，另一方面也解决教育资源分配不均的问题，逐步地使教育趋于普及化和大众化。

综上所述，科学技术不仅仅可以推动社会文明的发展，还可以促进教育事业的稳步发展，更是为教育的变革提供新的引擎。纵观历史，追根溯源，可以概括地说，人类社会的发展经历以下三次教育革命：

第一，教育变革的诞生，那是从原始社会向农业社会演变和过渡的期间：在原始社会下，没有特定的教育场所，也没有特定的教育人员，知识和信息的获取以及传播大多数是由年长的一代对年轻的一代随时随地进行言语上和行为上的交流，所传递的信息也只是以生产劳

---

① 段强. 浅析互联网背景下高校课堂教学改革的模式探析 [J]. 青春岁月，2018，（7）：103.

动技能和社会生活的习惯为主要内容的最直接的亲身经验。教学内容非常简单，教学方法也很单一，仅限于动作示范、观察模仿、口耳相传和耳濡目染等。只有在奴隶社会期间才有了专门从事教育工作的教师，有了相对正规的学校教育。在这一特定的过渡期间，文字和学校的出现使教育有了雏形，相应的变成有计划、有组织的一种特定的活动。

第二，教育变革产生在农业社会期间，也就是东汉元兴元年，蔡伦改良之前的造纸术。还有北宋时期（11世纪左右）我国发明家毕昇发明了活字印刷术。造纸术和印刷术这两项技术的发明，瞬间使书籍的印刷和出版变得更加便利和快捷，与此同时也使知识得到更广泛地传播。这个时候的教学组织形式大都采用个别教学制的方式，那便是教师用特定内容在同一个时间段里面向一个或多个学生进行教学。

第三，教育变革出现在农业社会向工业社会的过渡期间：在这个过渡期间，出现了班级授课制。班级授课制是17世纪时，由捷克的教育学家夸美纽斯在《大教学论》中第一次提出来。著名教学过程的四阶段理论（即明了、联想、系统、方法）是19世纪德国教育家赫尔巴特提出的，这才使得班级授课制基本上成形。

20世纪中叶，班级授课制才成为一个较为完整的体系，那是因为当时俄罗斯的一位教育家凯洛夫提出课的类型和结构的理论。班级授课制是一种以集体学生为对象的教学组织形式，它把一些学生按照年龄和学生已掌握知识的程度编成固定的班级，然后统一安排与制订教学计划，最后依据课表安排相应学科的教师系统地给一个班的学生集中上课。班级授课制扩大了教学规模，并且提高教学效率，充分利用教学资源，更重要的是保证知识在传授过程中的系统性和连续性。

目前，人类社会正处于工业社会向信息社会的过渡时期，"互联网+"已经成为最热门的词之一，"互联网+"在某种程度上已经象征改变人们生产和生活方式的新形态。与之相类似，"互联网+"给教学带来的积极影响也将会是引发我国第四次教育革命的一种新引擎与原动力。正如活字印刷术的出现极大地推动了知识文化的传播与教育普及一样，"互联网+"潮流的迅猛发展也将会给人们的学习、生活和思考方式带来深远的、不可估量的影响。

二、促进教育资源的共享化

中国目前的教育资源是分布不均衡的，人力、物力、财力资源相对集中，并且相互间呈现正相关关系，物力丰富、财力雄厚的地区往往更容易吸引优质人力资源，优质人才的聚集也会引来更多的物力、财力投入，三者之间互相作用并且在一定程度上对教育资源造成影响。

人力资源的倾向性受到物力、财力的影响，反之也对其有一定引导，三者之间的关系会直接导致教育资源的不均衡现象加剧，长此以往，部分地区资源丰富，其他地区资源相对稀少，形成教育界的"马太效应"，而教育资源分配不均，会制约社会整体发展，对行业进步和科技发展也十分不利。

随着科技进步，互联网时代的到来，教育资源不均衡这一亟待解决的问题已经得到了缓解。互联网普及程度越来越高，只要有网络就能够在线学习，教育资源线上共享拉近了地区间的教育资源差距，为扭转教育资源不均衡现状提供了思路，教育公平的实现指日可待。

"互联网+"进入教育领域，形成"互联网+教育"模式，这种模式给教师和学生带来了便利，更深刻地影响了教育的技术创新和发展。教师和学生可以打破空间壁垒进行远程教育和学习，比如在线视频教学和实验现场连线等，也便于教师之间在线沟通教学经验，以及学生在线寻找教学资源，实现网络化学习。

"互联网+教育"模式真正实现了教育资源的远程共享，师生利用相关设备即时交流。在互联网平台上，大家能够各取所需，不仅缩短不同地区教育资源差距，还能推动教育资源的共享和发展，大力促进了教育事业的区域化、全球化发展。

互联网的便捷性有目共睹，教育资源借助互联网实现互联互通，在全球范围内不断流动、更新、发展，体现了"互联网+"的交互性特征；互联网不仅有连通世界的便捷性，还有海量的存储空间，信息不易消失损坏，所记录的大量数据可供持续研究使用，体现了"互联网+"的存储性特征。不同国家地区的师生都能够共享教育资源，学术机构之间也能够进行共同研究，海量的信息交互所产生的影响不再局限于同一个地方，各国各地区可互利互助，对教育事业进行共同研究探索，共同向着平等共享教育资源的方向发展。

三、极大地丰富教师的教学形式

（一）丰富教学场景

互联网时代，教学形式发生的最直接变化是教学场景的多样化。从学生坐在教室聆听教师讲课的单一固定模式，发展为多种模式并存。传统的固定教学模式要素有固定的时间、固定的地点、固定的人物，也就是上课时间、教室、师生；互联网时代，这三个要素都有了改变。教学时间可以根据学生进行调整；地点不限，有网络和设备即可；在同一个虚拟教室里听课的学生可能来自五湖四海，甚至世界各地。"互联网+"真正达成"云教学"，打破固化形式，更好地根据学生自身情况调整学习计划，实现学习"自由"，带来的是教学资源得以充分利用。

（二）丰富教学目标

互联网时代催化了教学目标的多样化，传统的教学已无法满足当今社会对人才的需求，时代带来的改变是各个方面的，教学目标也要根据需求改变，从教授学生专业知识到在此基础上注重创新思维的培养，进而引导学生自发性思考，达到综合能力提升的目标。

互联网时代的一大特点是信息量的爆炸式增长，在这样的环境下，固定的文化知识已经无法满足学生需求，授人以鱼不如授人以渔，教会学生如何思考、如何学习、如何汲取新的知识才是最重要的。

（三）丰富知识来源

教学目标既然需要丰富，来源也需要更加多元化。按照传统教学目标所需的知识来源要求，根据教学大纲按照课本知识内容足够，但互联网时代的教学目标更加丰富多样，传统知识来源显然是远远不够的。而互联网提供了教学所需的知识来源，教师除了根据自己的经验教学，还需要不断学习新的知识充实自己，才能满足当代学生所需。因此，互联网不仅带给学生学习的便利性，也给教师提供了相应资源，通过查询获取所需知识来源，筛选出教学需要的内容并加以提炼。可见，互联网同时提高了"教"与"学"的效率。比如，学生在课堂外，可以通过网络获得想要学习的知识内容相关资料，包括文字和视频，不仅扩展了知识来源，还提升了学习效率。这样的方式不仅能够摆脱学习的单一性，还改变了学习的枯燥感，在效率提升的同时，也增强了学生的学习积极性。

（四）教学过程的多元化

教学过程不是单一的传输，而是一系列的传达、接收和反馈过程。美国著名教育心理学家布鲁姆提出教育目标分层，安德森在其基础上进行修订，将认知技能分为六层：记忆、理解、应用、分析、评价和创造，并对其进行定义，说明对知识的理解程度是一个由浅至深的过程，是对知识重要性的划分，也是教学过程的基本体现。

由以上信息可知，人类的学习需要一个过程。在传统教学中，记忆和理解占据了大量的时间，应用和创造的效果就大打折扣，"互联网+"大大改善了这一状况，学生可以根据网络上的大量知识来源完成基本的记忆过程，通过在线教学视频课程对记忆内容加以理解，再通过与教师交流或者在实体课堂基础上进行沟通，从而完成接下来的学习。此举既节约了时间，又让所有学生可以根据自身情况进行安排，都有充足的时间完成这一阶段的学习，便于在课堂上更好的进行下一阶段的学习，充分的准备能够使学生在面对课程内容时，产生更多的思考和交流。

更多的交流带来的是思维活跃度的提升，这样的学习过程潜移默化地促进了学生活学活用的能力。与此同时，教师从单向的基础知识传输过程中解放出来，可以研究更多的教学方式，从前期学习中也能分辨出不同学生的个性，便于因材施教，提高教学效率。

四、改善学生的学习方式

学生的学习因互联网而更加多样化，科技发展的成果带来了大量电子产品，也成为学生学习的重要途径。当然，能够依托网络，通过电子产品进行学习，离不开教学形式的多样化，学生通过网络进行多途径学习，可以根据个人喜好选择获取知识的方式，无形中营造了更加良好的学习氛围。与传统学习方式相比，互联网时代的学习有以下方面的变化：

第一，学习地点和学习形式。传统的课堂教学，学生只能在教室统一接受教师的教学，获取知识的来源只有手中的课本和教师的教学大纲，而互联网时代的教学，不限制学习场所，学生可以选择任何地点进行学习；知识来源不再局限于课本和教师的经验，而是来自互联网海量的信息库，可以选择任何需要的资料进行学习。

第二，学习时间和学习氛围。传统课堂教学中，每个学期都有详细的安排，按部就班地进行统一课程教学，时间固定不能随意改动，学习氛围是课堂上教师和学生共同营造的，相对封闭，最重要的一点是，课堂教学，教师通常会根据学生的平均水平控制授课的难度和速度，无法做到根据每个学生的个人情况加以指导，对一部分学生的学习有不利影响。

互联网时代的学习改变了上述情况，学生可以根据自己的时间安排学习，学习效率得到有效提升。利用网络资源和多媒体技术，学生可以自行寻找适合自己的知识内容和学习方式，这就是欧盟2000年提出的数字化教学。这种新型学习方式扩展了知识来源，加强了学习中的沟通交流，学生可以控制自己的学习难度和进度，也能找到喜欢的学习氛围。数字化学习利用科技将教学资源进行整合，为个人提供个性化学习环境，让每个人都能获得更多有效的学习时间和更适合自己的学习氛围。

第四节　高校教学改革的必然趋势："互联网+教育"

一、"互联网+教育"的必然性

工业文明之后，信息技术有了迅猛发展，信息技术的发展在一定程度上解放了人们的肢体，延伸了人们的能力，但是在生产效率大幅度提高和社会节奏不断加快的前提下，人类的大脑也在超负荷运转，而计算机和互联网的诞生，可以更好地帮助人类储存和处理相关信息，在一定程度上有助于解决上述问题。近年来，互联网的影响力渗透到教育行业，越来越多的教育家、教育管理者和教学工作者意识到其重要性。

教育的发展受到外部规律和自身内部规律的双重影响和制约。教育的外部规律主要体现在教育和社会的关系，教育与构成社会系统的子系统之间有着密切联系，即教育受到社会政治、经济和文化的制约和影响，同时教育反作用于社会政治、经济和文化，为政治、经济和文化发展服务。

制约教育发展的决定性因素是生产力的发展水平，直接影响教育的发展速度和规模，教育的培养目标和人才规格，以及学校专业的设置、课程的安排和具体的教学方法和教学技术。教育技术也实现了由量变到质变的发展，由最初造纸发展到印刷，再从打字机到互联网，这些技术上的变革也推动和影响了教育和教学方法的变革，大大提升了教学效率。

教育的外部规律需要通过内部规律发挥作用。教育与社会的关系主要体现在教育为社会培养德智体美劳全面发展的现代化人才上。也就是说，当下"互联网+教育"必须要帮助人们实现全面发展。高校师生必须充分发挥主动性，发掘互联网的优势，积极变革教学模式，改变传统的满堂灌式教学，构建互动式课堂。

在"互联网+"的时代，各个国家的教学工作者、教育管理者以及相关教育企业和个人等都进行了不断尝试，开发了包括慕课、翻转课堂和可汗学院等新的教学模式。如何顺应时代潮流，充分利用信息技术改革教学模式，提高学习效率，促进学生实现自主学习，是高等院校进行教育教学改革必须面对和解决的问题。

二、把握"互联网+教育"本质内涵

"互联网+教育"为大学生在线学习提供了技术支持，打破高校传统的教学模式，给学生提供了更加灵活多样且富有个性的学习模式，大学生可以不受时间和地域限制，自由地获取知识和信息。更为重要的是，这一技术还有利于变革传统的高校教育生态格局，使更多的社会力量可以参与制作在线课程，并保证在线课程的正常运营，以此加快促进高等教育实现民主化。

（一）"互联网+教育"秉承开放理念教育新模式

在线课程具有开放性，也是在线课程能够获得较高社会评价的主要原因。在线课程可跨越地域和学校的限制，将专业和课程实现共享，世界一流大学的教育资源不再是垄断状态，学习者可以根据需要，自主地选择课程内容。

开放的教育理念让优质教育资源得以共享。许多高校利用网络平台，实时海量信息共享，充分满足学习者了解和学习新知识的需要，且方式更加快捷高效。但是，互联网资源不能只局限于高等教育制度和高校范围内，必须打破这种限制和隔离，让教育资源在更大的范围内实现共享和共建，从而不断推动高等教育向更深层次变革。

（二）"互联网+教育"是对师生能力要求更高的教学模式

互联网对大学的教学产生了全面影响，这种影响无处不在。除使用在线课程外，教师还可以利用互联网对学生进行在线指导，学生可以借助互联网平台进行文献检索以及实验展示或者开展互动交流等。学生的学习超越了时间和空间的限定，可以接触到学校教育以外的其他教育，学习方式更加自主和多元化。

当下，学习工具类型多样，大学生使用维基、博客或者播客等进行学习。麻省理工和斯坦福大学的教师更是在其课程设计中加入了视频和游戏，作为对真实世界的模拟，这些都是深化学生学习的有效媒介。但是，无论采用哪种学习方式，都需要教师适时灵活地进行指导，为学生搭建"个性化的脚手架"。

互联网时代，对大学教师提出了更高的能力要求，网络课程设计、学习效果评价、人工智能开发以及信息技术支持等技能，都是大学教师需要具备的能力。同时，"互联网+教育"还带来了一场学习革命，因为在这样的大数据时代，学习者不能只是存储信息，还要有分析、辨别以及应用信息的能力，能够解决实际问题。最重要的是，学习者要学会根据需要开展自主学习。

新兴技术在不断变革，学习者也必须不断提升自身的信息素养。美国米歇尔·佛特（Forte M.）在研究社交媒体特征基础上，构建了"元素养"这一概念模型。该模型主要构成部分有客观批判性评价信息内容，协同合作并共享信息，理解道德规范，具有发展终身学习的能力。不可否认的是，学习者的自主学习并不与教师的指导相矛盾，教师在教育教学中仍然发挥着重要作用。

（三）"互联网+教育"利于实现智慧教育目标

智慧教育，即教育的信息化，主要包括五部分内容：学习者的技术沉浸、学习路径的多元化、有关服务型经济的知识和技能、文化资源的全球性整合、新世纪经济发展的关键性作用。智慧教育要为学习者搭建信息化的学习环境，推动教学改革，为学生的学习提供个性化服务，进一步开发学生潜力，端正学生的价值取向，培养学生的思维品质和实践创造能力。智慧教育将物理环境和网络环境相结合，满足学习者个性化的学习需求，为学习者便捷、自主、有效、持续地学习提供了保障。

（四）"互联网+教育"利于推进教育民主化进程

目前，世界各国已逐步实现高等教育的普及，接受高等教育不再是一项特殊的权力，而是变成公民的基本义务。但是，优质的高等教育资源仍然未得到普及，而"互联网+教育"实现了教育结构的立体化和网络化，不再局限于纸质这一单一的媒介。知识的具体呈现方式也更加多元化，除文字符号外，还有生动直观的图片和影音，更便于学习者接受新知。

依托"互联网+"，教育资源实现了数字化，教育资源的共享更加便捷。除此之外，更多的高校管理者已经认识到不同院校相互协作的重要意义。对此，院校之间可以整合各自资源优势，开展协作或者联合行动，信息技术基础设备和信息服务配套设施的升级和完善，为可持续合作提供了保障。高校之间在互联网基础上的协同合作，能够不断提高高等教育的入学率，在降低教育发展成本的同时确保教学质量。

三、理性审视"互联网+教育"的挑战

网络课程的兴起引领着互联网教育的发展。面对互联网教育，不乏质疑甚至是否定的声音，有的人认为不应该对互联网在线学习盲目乐观，这一新兴的学习形式还有很多难以克服的不足之处；有的人看到了这种学习方式具有碎片化的特征，不利于学生系统性地学习，学

生容易迷失在海量的信息数据中；还有的人认为学生在线进行学习时，自控能力会比较弱，缺乏教师的有效监督和管理，学习效率低。对此，"互联网+教育"这种新兴的教育模式在大学生学习方面还面临四个挑战。

（一）个性化学习质量较难保障

个性化学习强调学习者根据自身的学习兴趣和需求自主制定学习策略、保证学习进度，是一种在当下较受推崇的学习方式。如果实现互联网下的个性化学习，为每一个学习者提供个性化的学习场景，需要准确掌握学习者的个性特征和既有的学习水平，教师要为此投入大量时间和精力。此外，关于大学生在线个性化学习未建立专门的评价标准和模式，其实际学习效果如何，难以作出科学定论。

（二）复杂性思维教学较难实现

面对发展日益复杂的现实世界，拥有发现、理解和解决复杂问题的能力越来越为人们所重视。计算机具有复杂的系统性，可以解决很多现实中的问题，为此学习者需要掌握一种高阶思维技能，同时拥有跨学科的复杂思维能力。这种复杂思维能力包括系统性思维、抽象概括能力和批判性思维，同时各高校的人才培养方案中也明确提出要求学生习得这种复杂性思维，而仅仅依靠互联网学习平台在当下还难以实现这一培养目标。

（三）在线学习成果认证较艰难

依托互联网非正式学习面临的最大问题是学习成果较难认定。比如高度分权的美国，由于没有建立完善的基于网络非正式学习监管和评价机制，在认证在线学习成果、授权各州的远程学习、确定联邦财政援助资格等问题上依旧倾向于传统高校。在我国，如何把网络课程科学有效地与传统课程相融合，提升网络课程在高校人才培养体系中的位置，还有许多需要解决的现实问题。

第二章

互联网时代下高校教育教学方式的改革创新

互联网时代互联网信息技术的广泛应用对社会各行各业的发展产生巨大的影响，在信息技术的支撑下高校教育教学方式面临着巨大的变革。本章围绕互联网时代高校教育教学方式变革发生的动因、变革指导理念及发展重构、存在的问题及其成因以及若干建议这四部分内容对互联网时代下高校教育教学方式的改革创新进行阐述。

第一节　互联网时代高校教育教学方式
变革发生的动因

一、教育需求问题是变革的根本动因

教学方式变革和其他任何的社会变革一样，是在一定社会问题和需求的刺激驱动下开始。教学方式如何在互联网时代下发生变革，有如下两种分析思路。

第一，教育需求的发生需要一定的社会环境。任何时期的教育都需要紧随特定的历史时期所提出的发展目标，教育发展期望便是教育需求和社会环境两者的结合。当前，世界"互联网+"的发展十分迅速，"互联网+"对社会各行各业造成深远影响的同时，也给传统教育带来了巨大挑战。在"互联网+"推动社会变革的大环境下，传统教育如果不进行创新和变革，会成为社会发展的阻碍。当新的社会需求出现时，人们便会千方百计寻找变革路径。

第二，目前，我国教育发展需要寻求新的途径解决教育问题。"互联网+"的高速发展带来的机遇便是一个重要思路。让教育站在"互联网+"上，推动教育改革与创新。教学方式进行改革的逻辑起点和落脚点便是教育需求。在网络时代，我国教育方法改革的基本出发点是解决长期面临的教育难题。

二、新兴信息技术是变革的强大动力

在互联网时代，移动互联网、大数据、云计算、物联网等新兴信息技术在教育领域迅速发展，应用日益广泛，极大地推动了互联网时代教学方法的改革。在互联网时代，新兴技术正在以下列方式促进教学改革：

第一，科技极大地丰富了教育资源，增加了学习机会。

随着科学技术的飞速发展，世界变成一个地球村，世界各地区的联系更加紧密，教育资源的全球流动也更加频繁。近年来，在世界知名大学的共同努力下，开展了大规模的MOOC（Massive Open Online Courses）运动和OER（Open Educational Resource）运动，以加速优质教育资源在世界范围内的流动和共享。

在互联网时代，教育从封闭走向开放，每个人都可以创造知识，每个人都可以分享知识，每个人都可以获取、使用和消费知识。在开放共享的理念下，全球性知识库正在加速形成，高质量的教育资源得到了极大的丰富和充实，并且随着互联网的连接，人们可以很容易地获得所需要的教育资源，学习机会大大增加。

第二，科技突破了时空界限，改变了我们学习的方式。

终身学习（Life-long Learning）和全方位学习（Life-wide Learning）从时间和空间维度构建了二维的学习生活图谱。终身学习强调学习是个人一生中的持续活动，而全方位学习则强调学习发生在不同的情境中，包括正式学习和非正式学习。信息技术突破了时间和空间的限制，使人们能够在任何时间、任何地点获得必要的学习资源。信息技术也大大拓展了人们的学习空间。在互联网时代，人们的学习不再局限于学校，校外的自主学习和非正式学习也越来越受到重视。

第三，技术丰富了信息形式，改变了信息的认知方式。

原始社会，知识的传播和学习主要是通过人与人之间的口口相传。由于造纸术的发明，人类文明得以快速发展，知识能够迅速传播。在现代社会，人们可以通过广播、电视和电话等现代化工具，进行远距离同步交流和学习；学习不仅通过读和写完成，视听也成为学习的重要手段之一。随着网络技术和各种高科技教学辅助设备的出现，知识在各种流媒体中快速流动，不再是传统的书本，"知识"变成"知识流"，从名词转换成动词。探究成为人们主要的学习方式，而不再局限于听、说、读、写、算。

第四，科技改变了学习的生态环境。

不同的学习主体构成学习生态，不同的学习社区由学习主体根据不同的兴趣、爱好、知识背景、专业等形成，这些学习社区的主要存在形式是网络虚拟社区。真实的人在这些虚拟社区里都有各自角色，像IP地址一样有着虚拟的身份符号，有虚拟的教师、同学、同事等。这些社区学习系统为人们构建了一个虚拟的学习环境，智能地选择和推送他们喜欢的学习内容，改变他们相互交流的方式，从而改变学习的生态环境。

第五，技术改变了教育主体与学习参与方式之间的关系。

传统教育中，教师是知识权威，和学生相比有着知识优势。在网络时代，由于知识来源广泛，选择性多，种类多样，获取方便，知识的平衡不再自然地倾向于教师，学生的学习也不再局限于课堂，导致教师的知识权威性逐渐消失，教师不再是知识的给予者，而是以促进者、引导者和激励者的身份带领学生学习知识。在网络时代，教育关系的重构是教育改革的重要研究课题，也对教师的专业发展提出了新要求。

三、学生个性发展需要是变革的内在动力

在传统教学中，教师以同样的方式对待每一个学生，以同样的速度教授每一个学生，学生在同一课堂上学习同样的科目，然后进行同样的测试确定学生是否优秀。这种传统方法符合工业时代标准化人才开发的需要，具有在特定时间学习特定科目和以同样标准衡量所有人的属性。但是这种教学方法扼杀了学生的个性，破坏了学生的身心发展，剥夺了学生的兴趣，抑制了学生的思想发展。对此，了解学生的个体差异性，尊重学生的个体发展，实施差异化教学，注重因材施教，是教学方法改革和提高教学效率的重要任务。

网络时代，教师可以通过各种手段和媒体，为学生提供丰富的学

习资源，创造丰富多彩的教学环境，让学生自主选择学习内容，感受学习乐趣，满足学生的兴趣和爱好，从而促进学生的个性发展，培养学生的创新能力和创造力。网络时代，教学支持手段的增加和学习资源的丰富不再受时间、空间和地域的限制，也为满足学生的个性化教学需求提供了坚实的物质基础。

四、教学媒体的多样变迁是变革的现实基础

教材是传统教学中学生学习的直接使用对象和主要学习资源，是课程的物质载体，是学生学习和教师教学的中介，但是统一的教材面对不同的学生时存在明显缺陷，统一的教材不能适应多样化的教学情境和个性化的学习需要。在网络时代的推动下，教学媒体的功能和作用日益向智能化方向发展，其适用范围得到推广和扩大。

现代教学媒体已经成为人们的认知工具和学习资源，而不再是传播教学信息的媒介或辅助手段，现代教学媒体的出现改变了教学环境要素的组成形态和教学要素之间的互动方式，使教育具有强烈的信息化特征：教育手段正在向多媒体化发展、教学资源向数字化发展、教学方法多元互补。

为了让具有个性的学生在教师指导下进行探索和创新，挖掘学生的最大潜能，必须摒弃"以教材为本"的教学方法，根据学生的学习情况，运用教学智慧选择适当的教学媒体，营造温馨和谐的教学环境，采用适当多样的教学方法，才能取得最佳的教学效果。

第二节　互联网时代高校教育教学方式的变革指导理念及发展重构

一、互联网时代教学方式变革的指导理念

教学方式变革的方式是改变思想理念。在互联网时代，教学方式改革的重点是改变传统的教学模式和教学理念，用开发的思想和扩大知识范围的角度，确定新的教学方式。

（一）开放性理念

（1）互联网时代的到来，让学习突破了时间和空间的限制，通过互联网课程教学，让更多的人通过网络可以学习。现代的教学理念提倡所有人"活到老，学到老"，互联网改变了人们的生活方式，学校教育是获取知识的途径之一，通过互联网学生可以随时学习。为了学生能够拥有更全面的知识储备，学校课堂需要着眼于课外学习，积极推动学生学会使用信息资源，了解互联网的使用目的，给予学生更多的课外自由学习时间。学校在教学方式上要采用线上学习和课堂教学同步进行，课堂教学是主体，线上学习起到补充作用，学生和学生之

间、学生和教师之间要充分利用课内时间，对学习的内容进行充分讨论，课外时间需要学生通过互联网扩大自己的知识储备。

（2）互联网时代是信息共享时代，人们可以把自己的思想通过网络发表，网络具有信息共享功能。知识是人类宝贵的财富，人们通过互联网可以自由开放地交流学习知识，是人们获取知识的一项权利。知识可以用互联网的无地域限制和资源共享功能传播，互联网学习给人们带来方便，降低人们的学习成本。互联网时代来临之前，人们获取知识的途径是去图书馆查资料，现在人们可以在互联网上查阅，无需外出，运用互联网搜索引擎功能进行准确搜索，节省人们获取知识的时间。

（3）随着互联网时代的到来，各学科之间的知识会更好地融合。在传统教学模式中，分科或者单科的学习方式已经不能满足当代人对知识学习的渴望，所以，当代教育者需要开放思想，重视各学科间的知识交融。

（二）自主学习理念

随着互联网时代的到来，人们能够获取更多的知识资源，知识传播途径也更开放。互联网是人们除了学校教育之外的第二学习途径。互联网时代教学需要老师辅助学生完成学习，培养学生自主学习的能动性。目前，培养学生的自主能力主要有以下三个方面。

（1）学生自主学习需要有良好的学习环境。好的学习环境可以提高学生学习的自主性。因此，教师要创建富有激励性的学习氛围，给予学生更多的互联网自主学习时间，加强对学生使用互联网学习的指导和关注，让教学模式多样化，学习丰富化，学生的积极性也会提高。

（2）教师要重视与学生之间的学习互动。教师与学生之间应该建立良好的沟通氛围，教师要让学生在课程上积极发言，学生每天需要在课余时间通过互联网查阅相关资料，教师每天要给学生设定学习目标，在课堂上对学生的学习成果进行指导，学生要积极分享自己的知识，这样可以调动学生的学习积极性，也可以激发学生浓厚的学习兴趣。传统的教学模式，教师占用整个课堂时间，教师和学生没有学习互动，课程的教学是非常枯燥的，良好的教学模式是教师发挥指导和辅助作用，学生是课堂的主体。

（3）重视学生自主学习。随着互联网时代的到来，人们的学习不在停留在传统的学校教育，教育的核心应该由原有的课堂教学转变为学生自主探索学习，增大学生的知识量，各学科之间的知识更好的汇集。学生对知识具有强烈的获取渴望，学习方式也是多样的，为学生的未来发展打好基础。

（三）融入信息化元素的理念

互联网发展的核心是信息技术，信息技术的使用为教学提供多元化的学习环境和条件。

1. 创设开放和多元化的教学环境

随着科学技术的发展，课堂教学可以采用信息技术，让课堂教学内容更加丰富。改革后的教学，学生将会有更多的课外时间进行自主学习，通过互联网的信息共享，找到所需课程内容的学习知识，学生对课程的理解会更加深刻和清晰。课堂教学通过与信息技术结合，给予学生开放的学习环境，教师和学生之间的互动会更和谐。

2. 创建开放和共享教育资源

教育的基础是教学资源，教学目的准确性源于教学资源的有效性。在传统的教学模式中，教师的课程围绕教材进行布置，但是教材中的知识资源往往是匮乏的，学生在学习过程中也是单调乏味的，因为教材教学的知识是片面的，学生对知识的利用率较低，导致学生的个人发展受到遏制。

随着互联网时代发展，信息技术占据了人们的生活，教育教学模式也发生了改变，由以前封闭的传统教学演变为当代开放共享的教学模式，学生可以自由发言，更加丰富了学生的学习生活，通过知识资源的扩大，学生对知识的理解更加容易，可以提高学习的主动性。

3. 课堂交流的深度互动

课堂教学需要互动。在传统教学模式中，教师往往是课堂的主要角色，每一节课程都是教师在演讲，学生会感到乏味，学习主动性也会降低。对此，教师要积极引导学生使用互联网进行课外学习，课堂上鼓励学生分享自己的学习成果，激发学生的学习积极性，教师是课堂教学的辅助角色。

二、互联网时代教学方式的发展和重构

随着互联网时代的到来，互联网技术和教学思维观念产生了碰撞，改变了原有的传统教学模式。学校教育中的教学方式、环境、内

容更具有效性和多样化，教师和学生之间的沟通会更和谐，学生获取知识也更准确。

（一）构建新型教学方式，创设全新教学环境

无论是中国还是国外，教育教学的组成部分包括教师、教室和教材。在传统的教学模式中，教材是学习的主要的教育资源，课堂教学是主要学习模式，学生的学习内容是统一的，考试的试卷也是统一的，在这种情况下，学生获取的知识往往是单一的。在传统教学模式中，教师是传播知识的核心，学生是被动接受的一方，这是传统教学的思维模式，虽然传统教学模式的学习效率很高，忽略了学生有不同的理解能力和学习能力，学习机械化，这也会打消学生学习的积极性。

随着互联网时代的到来，教学模式随着时代发展改变，新兴技术的应用和互联网的教学模式被运用到当代教育体系中，传统的课堂教学发生了变化。学生通过互联网查阅相关资料自主学习，增大知识储备，这种教学模式更有针对性，可以有效提高学生的学习能力和理解能力，可以让教师针对每个学生的学习情况进行指导。

互联网发展带动了虚拟技术和云计算技术的发展，对教学环境的改变具有推动作用，丰富教学内容。教学环境包括学习环境、教师和学生，也可以定义为物理环境、生理和心理环境，互联网技术使教学环境中的物理环境产生很大改变。

在传统教学模式中，学生通过实践获得知识积累的机会较少，更多的是对教材内容的单一学习，学习环境相对封闭，学生对于知识的理解也很难通过直观的形象展现出来，对知识应用的想象也会受到限

制，学生只能通过抽象思维进行理解，这是传统教学的弊端，也是理论教学和实践教学的矛盾。互联网技术的发展，可以有效解决。通过云计算的应用，虚拟与现实相结合，创建新型的教学环境。教育云是云计算技术在教育领域应用的成果。通过运用教育云可以创造虚拟的教育教学平台，管理者、教师、学生和家长通过网络进行沟通，增强了学习的黏性，学校教育和关注学生同步进行，学生可以获得更多的学习资源。

（二）尊重学生主体性并突出学生个体价值

在传统模式教学中，教师在课堂上占有主导作用，缺少教师与学生之间的互动，学生的学习感受很差，缺少学习的积极性。教师是教育资源的选取者，也是主要控制者，限定教学教材内容，在教学过程中往往是严厉的，很少主动利用教学活动改善学生的学习能力。学生学习状态低迷，需要及时补充学习知识，完成教师布置的学习任务，但是教育资源有限，学生会因为知识获取不够而陷入学习困境。在良性的教育环境下，教师和学生应该积极互动，教师引导学生通过互联网进行自主学习，教师不再是课堂上的主体，学生才是主体。

在传统教学模式中，学生的主体地位往往被忽略，教师控制学科学习的教学资源，致使学生的学习资源相对匮乏，不能得到良好的知识积累。教育管理者也缺少正确的教育观念，传统教学往往以结果为导向，很少顾及学生人格的发展。

随着互联网时代的发展，这些问题得到有效解决。第一，随着互联网信息的传播和共享，全球教育资源库已经逐步形成，教育资源更丰富。在信息共享的同时，人们可以通过互联网发表自己的观点，知识会不断地重播。第二，随着信息技术的进步，网络终端设备会更加贴近学生的学习生活，终端设备的网络同步，让学生获取知识更便捷，可以按照自己的学习需求对知识进行有效扩充。第三，随着教学模式的改变，教师应该积极主动地引导学生自主学习，通过互联网学习培养学生的学习兴趣，教师也要熟练掌握互联网的应用方法，把正确使用方法传授给学生。

（三）推进教学民主，助推教师角色转换

在互联网时代，知识通过网络传播完成知识的聚集，网络是信息的载体。通过信息共享，教师与学生之间不会存在信息获取的差异，教师的教学将会更加顺畅，更加民主。

在互联网时代下的教育教学，教师在教学中应该起到指导作用。学生课外需要进行互联网模式的自主学习，教师需要不断更新自己的互联网教学内容，通过知识库把学生的学习成果汇集到一起，形成有效的知识库，教师在课堂教学中起到引领和管理作用，要不断地扩充自己的知识储备，让学生对知识的理解更全面。

随着互联网教育教学模式的到来，教师的教学能力也会相应提高。教学的知识获取不仅停留在教育教材内容上，还应该通过互联网查阅更多的教育资源分享给学生，但不是控制教育资源，要发挥学生的自主学习，学生的思维需要启发。教师应该给学生更多的学习支持，在实际教学中做学生的指导者，辅助学生完成知识的获取。所以，教师要不断提高自身的专业知识，树立正确的教育观念。

第三节 互联网时代高校教育教学方式变革中存在的问题及其成因

一、互联网时代教学方式变革中所存在问题

（一）教育资源浪费严重且资源利用效率较低

互联网教学的主要作用是给学生留下一定自主学习的空间，通过网络上丰富的资源实现高自由度的教学。这些网络教学资源主要包括网络精品课程、精品视频公开课、微课等。在教育信息化早期出现的情况下，教育平台以及教育网络的构建还不完善，且教学资源相对匮乏，给许多人留下了固定的刻板印象，因而在后期有所加强和完善的时候还是很少有人使用网络资源，使得大部分的网络资源被荒废。

（二）被动接受教学方式变革

中华人民共和国成立之初借鉴了俄罗斯凯洛夫的教学模式，但是这种教学模式符合当时的历史背景和国情。当时教育界的理念认为教师是教育的主体而学生是接受教育的客体，把所有的重点都放在教师身上，认为教师教什么学生就应该学什么。但是这种教学存在两个方

面的缺陷：一是以传授知识作为重点而忽略了学生自身能力的培养，而且每个学生的接受程度和适宜的教学方式也不同，这种机械教学让学生通过死记硬背，题海战术也并未取得好成绩，相反会给学生莫大的压力。二是在教学时教师和学生之间的关系一直是不平等的，教师在教学中是主导和绝对权威的象征，学生能做到的只有服从，不能对教师提出质疑，在一定程度上限制了学生思维的发展和创新，也是师生关系不和谐的主要因素。首先，国家发出新课改的号召，由于需要改革的部分太多，并不能全部实现，教师们新的尝试只是从表象上运用新的教学方式，而内在还是传统的教学思想，而教学主体的转换就是一个重点。

此外，教学管理系统和课堂教学内容上的变革，并不是教师可以实现的，他们自身的能力有限，改革也只能落实于思想当中。

这种抽象的教学方式还是不能够直接应用于教育教学中，需要一定时间的观察和改善。

其次，一些教师虽然意识到传统教学理念已经不适应互联网时代下的教学理念，但是在潜意识里传统教学的思维方式由于根深蒂固，在教学时偏向于自我。除此以外，在互联网时代的新型教学模式下，学生和教师是平等的，教师在心里接受程度上还存在排斥。最后，一部分教师始终认为互联网时代的教学无法与现实教育模式相匹配。教育是一种言传身教，需要面对面的传授，使学生在耳濡目染中形成正确的价值观念。但是互联网时代学生面对的是大数据和冰冷的教学视频，这种方式更强调学习的自主性，教师的作用被逐步削弱，虽然一定程度上实现了为教师减负，但是也不利于学生的学习和人格的形成。所以在"互联网+"的大时代教师仍然是传统教育的维护者。

（三）教学工具的理性遮蔽师生发展

教学内容的选择性随着互联网时代的到来而变得愈加科学化、丰富化，大数据、移动互联网、虚拟现实等科学技术的出现，使得教学方式愈加方便、快捷，课程无论在何时、何地都能开展。但是，技术化的教学工具过于理性，阻碍了教师与学生之间的沟通与了解。

1. 教学程序化使教师教学缺乏感情注入

在互联网时代，虽然课堂的呈现形式发生变化，但在大多数的课堂中仍存在教学模式僵化的问题，仅仅是将传统的讲解书本转变为讲解已经制成的课件，或是直接使用先学后教的固定化程序进行教学。课堂恪守死板、一成不变，课堂气氛低沉消极，学生的发散性思维得不到充分锻炼，禁锢了学生的思维发展，从而成为培养学生创新能力的绊脚石。

拆分"教学"两个字，"教"即教师，"学"即学生。重新构造新型的师生关系，使其两者之间的关系更加柔和密切，才是互联网时代革新教学方式的核心目的。如果继续将传统课堂的僵化体系照搬照抄到互联网课堂上，新兴的教学方式非但对教学没有丝毫帮助，还会延续传统教学课堂的固定化与程序化，甚至走向形式化。

2. 过分注重数据分析忽视学生发展变化

大数据是互联网时代产生与发展的标志。所谓数据分析，即汇总采集来的各种信息，并进行深入分析，其目的是提高各行各业的行业效率。如今，教育教学管理不再仅仅依靠教师个人，其科学化、智能化、高效化、准确化均是数据分析应用在教育领域的体现。但在体验大数据带来便捷的同时，我们不得不思考，过分依赖大数据可能带来的不利影响。

全面教育数据的发布其实并无不妥，如果过分依赖数据，则会忽视学生个体过往、变化与发展，目前也并未找到行之有效的措施克制对数据的僵化性依赖；反之，选择直接放弃或者闲置大数据，我们又将丧失大数据所带来的科学化与便利化。改善这个两难问题的办法，只能在今后实践中一步一步摸索。

3. 过度依赖网络限制学生发展

（1）只停留在表面而很难深入学习可能会成为互联网时代学生学习的一大弊端。互联网的出现，使得教育资源得到有效扩充与共享，学习资源更加个性化、多元化，自身兴趣与爱好成为选择学习资源的优先标准，扩大了学习的广泛度，学习的最低准线也得以降低。

在这些极其便利的条件背后，却隐藏着学习碎片化的危险。网络的碎片化知识使得学生缺乏思考习惯，缺少深度加工思考的知识之间很难建立起有效联系从而形成有效的系统知识网络，使得互联网时代的学生只是学到了分散的表面知识，忽视了深度学习的重要性。

（2）自由搜索想获取的一切学习资源进行学习是互联网时代带给我们的便利，也容易阻碍学生身心健康的发展。学习者的身心发展尚不成熟，自律自制能力偏低，长此以往使用互联网，可能沉迷于虚拟世界形成网瘾，从而减少减少自身运动时间，不利于学生体质体魄的锻炼。

（3）随着互联网时代的发展，新型传媒与各种人际交往的应用也在不断更新发展，在一定程度上便利了师生之间和同学之间的交往，但依赖网络联系的同时，带来的是实际生活中人与人交往的减少。人与人交往的最佳媒介是面对面地沟通，随着虚拟教学环境渐渐代替真实环境，学生同教师与同伴之间直接接触的机会越来越少，师生与同伴之间的关系趋向疏离；网络教学的便利就在于方便性，但也限制了学习者亲身感知世界的机会，阻碍了其艺术灵感的开发与发展。

二、互联网时代教学方式变革中问题的分析

（一）教育资源建设时缺乏计划，建成后匹配度不高

在互联网时代的大背景下，我国教育资源变得极其丰富，使人们想要追求更高效的教育方式如个性化教育以及定制化教育，这种教育的基础是教育大数据分析的出现，通过大数据可以合理匹配教育资源。现代教育最重要的问题是如何了解教师和学生的需求，同时根据需求将合适的教育资源分配给他们。

我国目前的教育资源建设模式存在很多缺陷，导致教育资源的极大浪费。主要缺陷体现在：其一我国教育部门对于市场的真正需求并不了解，对于教育资源的建设缺乏计划。我资源建设项目主要是按照行政命令推动，没有统一标准进行参照指导，导致重复建设低水平的教育资源。其二即使在建设前做了完善的计划，在建设时也需要花费

大量的人力物力以及财力，即使结题做得完善在教学环节仍然会出现很大纰漏。

尽管我国正在大力推动教育方式改革，以及发展学生自主合作探究的教学方式，但是就事实而言我国依然在大多数情况下采用传统的教师课堂授课的教学方式，由教师进行主导。这种模式通过教师向学生传授知识，学生根据教科书以及教材辅导资料进行学习。在教学结束时通过卷面考试的方式对学生评定。学生如果要获得一个好的评价只需要在课堂上与教师互动，认真听课，课后做练习以及复习，并不需要使用网络上的教育资源。①

（二）外部环境、压力与教师自身素质不足

互联网时代的教育模式，不只教师自身需要极高的教学素养，同时也需要一个良好且宽松的外部环境。导致现在教师依旧执着于使用传统教学方式的原因是外部环境压力或者教师自身素质不足。

当今社会我国教育发展不均衡，优质的教育资源短缺导致教育竞争的加剧，每个年龄段的学生都有很大的升学压力（这里的升学压力指进入各方面条件都相对较好的学校）。由于升学压力，导致学效对于教师的评定并不是授课方式或者水平，只以学生成绩好坏作为考核标准，家长评价学校的标准也是由成绩决定。

由于这种考评体系，教师只能运用应试教育的教学方式教导学生。由于应试教育导致教师拥有极大的工作量，批改讲解大量课外练

① 李小蓉. 互联网时代创新高校教育管理的思考与对策 [J]. 企业文化（中旬刊），2018，（7）：221.

习题，在休息日进行补课，频繁考试以及和兄弟班级、兄弟院校之间进行比较，各方面因素都会带给教师极大的心理压力。由于这种方式针对应试考试来说十分有效，加之大部分教师更熟悉这种教育方式，导致很多教师执着于使用这种教育方式，采用其他教育方式可能会导致家长、学生或者学校的非议。导致我国教师没有进行教育方式转变的另一个原因是我国教师资源的短缺。由于我国教学班级的容量一般较大，师生比例较低，导致教师需要扮演多个角色，比如在农村学校中，一个教师可能会负责多门课程研究如何应对教学模式的转变。

在互联网时代下，很多高科技技术（如大数据、云计算、物联网等）的出现导致我国教学工作正在逐渐变得多元化、高效化以及开放化。教育活动参与者之间的沟通更加深入且顺畅。教师在这样的大背景下如果不学习新的技术就无法将这些技术运用到教学中。这个时代最核心的能力是知识搜索能力，在互联网时代下，各行各业的知识都互相融合，复杂程度也逐渐增加，知识在不断更新拓展，导致知识在数量上按指数等级疯狂增长。教师如果不具备知识搜索能力，不能紧跟时代潮流反思自己的教学模式，将会是互联网时代教育方式改革最大的阻碍之一。

（三）师生角色转变导致教师定位不明

教师对于自身定位对于教学效果和教学水平起到极其重要的作用，在传统的课堂教学模式下教师是重要角色，但是在互联网教学模式下教师和学生之间的角色身份发生了极大转变，也对传统的课堂授课方式造成了很大冲击。在互联网教学模式下，很多教师不能清晰定位自己的角色，使教学效果大大降低。

在传统的课堂教学模式下，教师占据主导者的地位，因为教师相对于学生而言拥有更多的知识量，在知识方面是绝对的权威，教师充当着教学中领导者的形象。但是在现代教育模式下，这种关系发生了转变，由于受杜威教育思想影响，对于学生更加尊重，更加认同树立正确的学生观，并且主张师生关系应当是平等、民主且互相尊重。进入互联网时代后，人们开始逐渐意识到师生角色将会面临新的转变或者调整。因为教育资源的获得成本开始降低，人人都可以获得知识、创造知识或者共享知识，教育资源得到开放并且变得丰富，人们获取教育资源的效率也大大提高。

在互联网时代的大背景之下，教学方式的变革已成定局，师生角色的调整或者转变也是必然。但是无论如何调整或者转变，教师仍然具备重要的地位。教师的角色转变体现在教学方式上，在互联网时代下教师的教学方式并不能追求"新"，而是应该追求有效、得当。所以，教师无论如何定位都应该从传统的知识教学转变到思维教学，教师此时不只是在和知识进行博弈，也在和学生进行博弈。

第四节 互联网时代促进高校教育教学方式变革的若干建议

一、优化整合教育资源

在互联网盛行的现在，正确利用互联网进行教学是有效利用教学资源，合理分配教学资源的关键所在。通过互联网进行分配的教育资源主要构成部分是数字化网络教育资源。现代社会，互联网技术发展迅速，公开共享的教育资源可以通过网络进行传播，教育行政部门和学校网络教育部门利用互联网技术，大力推动网络教育资源项目的发展，使得我国网络教育事业发展迅速。

尽管如此，我国数字化网络教育资源项目仍然存在一定缺陷。例如，优质教育资源的匮乏、市场调控能力不强、资源建设体系不完整等问题。这些问题会影响互联网教学事业的发展和变革。所以，提高公开共享教育资源的质量、优化教育资源系统整合，将是推进互联网教育改革发展的必然诉求。[①]

---

① 魏则文. 互联网时代我国高校教与学问题及对策研究 [D]. 西安理工大学，2018：43-49.

(一) 对数字化资源进行分类

建设条理清晰，重复率小的教育资源体系，需要合理科学的分类数字化教育资源，将数字化的教育资源进行分类后，有利于资源库的建立和高效利用。在分类工作进行时，要时刻遵守国家、教育部门和教育行业的工作准则，坚持科学合理的分类原则。

根据教育部教育信息化技术标准委员会提出的规范准则《教育资源建设技术规范》可知，在进行教育资源分类时，要从资源的素材类型、适用对象和学科三方面进行分类，素材类型即课件、试题、试卷、案例、文献资源、常见问题解答、网络课程和资源目录索引等。除了从教育资源属性上进行分类，还可以从教育资源应用方式和用途进行分类，也可以从教育资源被使用的目的和教育类型进行分类。

(二) 遵循数字化教育资源建设原则

数字化教育资源建设的原则是："整体规划、分类指导和多元途径"，要求相关部门和工作单位做到从整体角度出发，全面建设数字化教育资源，集中建设水平高、包含性高、实用性强的数字化教育资源，避免重复建设效率低下的情况出现。不同的数字化教育资源有不同的特点，要求在数字化教育资源建设的工作中遵守分类指导，提高教育资源建设针对性。但是教育资源的建设不仅是某一个部门的工作，更是全社会的责任，国家、社会、学校、家庭、企业单位都需要参与其中，让数字化教育资源建设工作拥有多元化的建设道路。

技术性、科学性、艺术性和教育性是具体资源开发工作过程中需要遵循的四项基本原则。技术性，要求教育资源建设应建立在相关技术标准之上，有利于资源共享。科学性，要求教育资源建设的相关内容是反映事物的本质和客观规律，要同客观事实相统一。艺术性，要求在内容、形式、色彩等方面做到数字化教育资源符合大众的文化需求和一般使用习惯。教育性，要求在内容方面，数字化教育资源具备教育作用和教育意义，并且同教育发展的基本规律和学生学习的特点相统一。

（三）寻找合适教育资源建设路径

《国家中长期教育改革和发展规划纲要》对网络学习、网络教学体系和数字图书馆的建设等方面工作进行了具体的工作指导。相关数字化建设工作主要通过自建、共建和引进的方式进行建设。自建方式适合用于数量基数小、个性化鲜明、应用人群具有针对性的教育资源建设；共建方式适合用于数量基数大、共性化鲜明、应用人群广泛的教育资源建设；引用方式一般适用于难度高且高质的教育资源建设。各高校都应根据自身教育特色和教育理念进行教育资源建设，选择科学合理的建设方式。各个级别的教育信息中心需要根据当地工作指导，进行具体的科学资源建设，避免教育资源的无端浪费和低效工作。

二、全面提升师生信息素养

（一）提升教师信息素养

教师是教育中不可缺少的一部分，培养出具有网络教学能力的教师是改革传统教学模式的重要基础。新型网络时代的到来，要求教师具有教学信息应用的技术能力，具有新型的教学理念和教学设计。为此，教师需要主动学习相关技术，提高自身信息素养，需要做到以下几点。

（1）紧跟时代步伐，培养信息化教学意识。人们通过尽可能全面的知识覆盖，应对未来可能发生的问题，这就是传统知识传播的目标。但是，在互联网时代，知识的增长速度快，传统的教学模式和教育目标已经不符合时代背景，教师需要更新自身教学意识，而贴近信息化的教学思维更利于教育的革新。

（2）具备信息化教学的能力。"教育+互联网"时代的到来，对教师网络技术、信息的检索能力都有了进一步要求，教师只有掌握了相关技能才能够在网络教学中更加顺利。"教育+互联网"时代的到来，提高了人们对教育资源数据的处理能力，人们个性化的教育需求使得教育资源的数字化建设更加迫切。现代科学技术的发展，诸如云计算、物联网和VR等技术的出现，使得教育方式得到革新。教师只有具有信息化教育的能力，才能够紧跟数字化时代的改变，才能够促使教学方式的改革。①

（3）教师要自觉进行教学反思活动。师生之间的交流因为互联网技术的介入变得多元化，有利于教师多方位理解学生的教育需求和获得自身教育方式的优缺反馈。教师对自身教育进行反思性的教学活动，有利于互联网教学方式改革的进行。

---

① 徐建中，张伟国，倪晔. 在互联网时代如何做一名合格的高校教师的几点思考 [J]. 赤子，2018，(18)：109–110.

（4）将共享、合作、开放、创新的思想理念深深植根于教师心中。教育生态因为互联网的介入改变了封闭状态，现在开放的教育生态要求教师具有合作意识，改变固有的教育模式，学会合作教学，分享教学经验。[①]

（二）提升学生信息素养

（1）在互联网时代，人们的认识在不断被刷新，传统的知识权威被新观念和外来思想所冲击，学生可以通过检索和教育网站的浏览获得知识，学生自主学习的能力越来越重要。自主学习的能力与信息的获得成正相关，在信息素养条件高的情况下，学生的自主学习能力也就越强。学生的自主学习基础是建立在学习资源的获取之上。在互联网时代，学生可以通过网络获取自己所需的学习资源，但是网络资源质量参差不齐，学生要具备辨别和筛选教育资源的能力，能够对相关资源做到有效筛选。

（2）学生具有良好的信息检索和信息筛选能力，使得教师能够更加专注地进行教学方式改革。在互联网时代，信息的透明化和高速流动性使得教师无法将教育资源全部垄断，教师可以通过平板电脑、多媒体、计算机等载体进行线上教学，通过视频、音频的方式进行知识传播，并且开发新的课件和教学体系。学生可以通过互联网获得公开的教育资源，通过自主学习达到更高的效果。这样的时代背景要求教师注重学生检索和筛选信息的能力，培养学生的信息创新融合能力和

---

① 邱金平. 浅谈互联网时代教师信息素养内涵演进及其提升策略 [J]. 农村经济与科技，2019，30（20）：284-285.

信息敏捷度，进而加强与学生之间的交流，提高教学效率，促进民主教育进一步建设。

师生信息素养的培养是时代的要求，是互联网教学方式变革路上的必经之路，也是互联网教学模式改革顺利进行的重要条件。当师生的信息素养得到提升，互联网教学事业工作才能顺利进行，并得到进一步发展。

第三章

互联网时代下高校课堂教学创新研究

随着互联网的爆炸式发展，互联网时代的概念应运而生，它与教育的融合催生了"互联网+教育"。本章对互联网时代引发的高校课堂教学新变革、互联网时代高校课堂教学变革中的问题剖析、互联网时代深化高校课堂教学变革的策略探讨进行论述。

第一节　互联网时代引发的
高校课堂教学新变革

"互联网+教育"代表着教育信息化的新时期、新阶段，是技术推动教育发生变革的基础,这将让传统教育焕发出新的生命力①。对于高等教育来说,"互联网+教育"的本质就是利用互联网时代的特点和思维激活高校课堂教学的活力,并将其深度融合到教育教学的各个环节中。

高校作为一个传递知识、培养人才、服务社会的机构,同样不可避免地受到了互联网的冲击。在互联网时代的背景下,高校课堂教学迎来了历史上前所未有的大变革②。其给高校带来的不仅是教育理念的革新,更是对教学模式、学习方式以及教学评价等深层次的影响。这些影响推动着高校课堂教学的教育理念向"+"思维转变,课堂教学模式向混合式教学转变,学生学习的方式向全息学习转变,课堂教学的评价向多元化评价转变。

一、促进教育理念思维转变

学校就是学生以一定的作息规律展开学习、工作和生活的一个固定场所。在这个场所里,每间教室的空间设计基本一模一样,教师延续着传统的教育授课方式和教学理念,学生则规规矩矩地坐在教室的椅子上听讲。而互联网带来了开放式课堂,来自不同国家、不同种族的人,通过网络客户端均可在任何时间、任何地点,以任何方式向任

---

① 李熙. 互联网+时代高校学生管理模式的转变及创新 [M]. 长春:东北师范大学出版社,2017.

② 陆丽香. 互联网时代中小学体验教学变革研究 [D]. 重庆:西南大学,2019:32-34.

何人请教，这使得高等教育突破了时间和空间的限制，变得多元智慧，只要学生有学习的意愿，完全可以根据需要选择世界范围内最适合自己的课程。面对这样的现象，高校教师意识到了传统的教育理念已经过时，互联网时代必须用"+"的思维方式，才能引领教育理念走向创新。因此，互联网时代的高校课堂教学变革首先要树立以学生为中心的教育理念。

在互联网时代下的高校课堂教学中，学生是课堂的主角，其主体地位日渐突出。这时，教师便需要有转变角色的意识，从知识的传播者向学生学习的促进者、引导者和帮助者转变，为学生的发展与成才提供各项帮助和服务。具体包括：

第一，重构师生观。随着信息时代的飞速发展，师生间的交流有了虚拟化的特点，向着互相信任、认可的社会关系方向发展，学生将成为教师永远的朋友。

第二，树立课堂联网的开放观。在信息技术蓬勃发展的今天，教师必须要转变观念，使得互联网与高校课堂教学有效融合，用"导"的形式变革课堂教学模式，让课堂充满新生机与活力。

第三，梳理学生观。互联网时代下的高等教育，目的是开发学生的潜能，完善学生的人格，充分发掘学生的主观能动性，使其具有宽广的胸怀、丰富的知识、进取的精神和高尚的人格。这便要求教师将每个学生视为活生生的个体，鼓励学生大胆创新、标新立异，向复合型人才的方向发展。

第四，更新教育技术观。互联网技术的突飞猛进给教育带来了春天，大数据、云计算等事物的兴起，推动了教育理念和教学方式的变革，教师要以开放、积极的心态迎接互联网时代的到来，认真学习新型技术，将技术很好地运用到课堂教学中，促进以学生为中心理念的实施。

互联网时代的高校课堂教学变革要秉承面向未来的教育理念。教育需要具有一定的前瞻性，立足当下，放眼未来，让课堂教学的观念和内容超越时代的发展，满足当下的需求，如此才能使得培养出来的人才更好地服务社会。此外，经济全球化和互联网时代的到来，让高等教育得到前所未有的重视。互联网时代的高校课堂教学变革必须要把视野置于未来发展的社会蓝图中，充分考虑教育的本质和规律，用经济体系发展的思维来考虑教育问题，培养出面向未来的人。

二、促进学生的学习转变

信息技术使学生的学习方式发生了巨大变化。学习可以发生在市区、商场、企业甚至地铁公交等公共场合，这使得正式学习和非正式学习的界限逐步模糊。

学生学习的主观能动性也得到加强，学生可以依据兴趣和工作的需要而自觉选择非正式学习。这意味着"互联网+教育"使学生学习观念以及学习行为发生转变，而这种转变默默推动着学生学习方式向全息学习转变。在未来，教育文化产业将借助互联网构建多维智慧空间，把课堂教学与课外学习连接起来，重塑一个多维立体的学习空间。此时，高校课堂教学便要转变传统的授课方式，采用问题导向式的教学模式进行授课。在课堂内，着重强调学生基础知识和通识课程的学习。学生应依据自身兴趣，在教师的指导下，充分利用互联网查找大量前沿性的资源信息，进行开放式的自主学习。在课堂外，提倡实践学习。鼓励学生冲破教材的藩篱，聚焦行业和学科的具体事件，在实践中发现具有探索性和情境性的问题，从而完成探究式的情境学习。在这个过程中，受文化产业的影响，学生遇到的问题势必会建立在跨学科的基础上，但互联网与教育的融合刚好为学生提供了一个多元开放的空间与平台，这使得每个学生的潜力将得到最大程度的发挥。

网络的互联互通也为学生的跨学科学习提供丰富的信息资源，有力地推动了学科间的融合与创新。显然，多维智慧的教学空间为学生创造了一个多元灵活的课堂。在此，学习将不受时空、地域、国籍和年龄的限制，可以发生在任何时间任何地点。而对于学生而言，学习无疑成为一种强烈而自发的需求，它将渐渐融入个体生活和工作的习惯中去，如此一来，终身学习的教育体系也变为现实。

三、促进教学评价转变

互联网时代下的高校课堂教学理念、思维、模式均发生了巨大变化，越来越多的教师和学生习惯以网络的方式对喜闻乐见的事物进行评判。此时，以翻转课堂为代表的新型课堂教学模式的兴起，推动了教与学的信息化，这使得传统课堂教学中单一片面的评价方式面临巨大挑战。高校课堂教学评价的方式，需要做出相应变革，才能适应时代的发展，并满足教学的需求。

高校课堂教学评价主要以学生考试成绩和课堂出勤情况为主，其评价方式相对单一，缺乏一定的合理性和有效性，很多学生只为了应付考试而学习，这使得教学评价沦为一种形式主义，根本没有体现出其真正的价值与意义。然而，互联网时代的到来给教育带来了希望，高校课堂教学评价可以通过多个角度、多个层次进行考评，其将结合线上和线下两种途径，对学生进行全面而综合的评价。

针对线上评价而言，互联网时代下的高校课堂教学评价将依据学生在线学习留下的学习行为、学习偏好等一系列数据，从三个维度进行考核：课前考评主要围绕学生的预习情况和学习心得来评价；课中考评主要从出勤状况、随堂测试、师生互动等方面衡量；课后考评主要通过对章节作业和期末考试的效果观察做出评价。

从线下评价而言，互联网时代下的高校课堂教学评价主要是从实体课堂的角度对学生的学习行为做出相关评价。评价的内容主要包括学生在课堂教学中的交流状态、情绪状态、思维状态、学习成效以及自我评价等①。显然，互联网时代下的高校课堂教学评价是全方位、多层次的，其评价渗透到了学生对每个知识点的掌握当中，能够全面客观地反映学生学习的具体成效。

---

① 宋紫月. 互联网时代的高校课堂教学变革研究 [D]. 延安：延安大学，2018：25-30.

第二节　互联网时代高校课堂教学变革中的问题剖析

一、网络资源环境建设有待完善

互联网时代下高校课堂教学变革的特点就是通过网络向学生提供丰厚的教育资源，从而激发他们主动学习的意向。在早期，受网络基础设施不完善的影响，我国教育信息化的发展相对缓慢，教育资源也很匮乏。随着信息技术的发展，网络教育平台的资源得到了极大丰富，各种优质在线教育课程也像雨后春笋一样迅速崛起。可是，此时的网络资源环境建设涌现的问题包括：

（一）网络课程建设缺乏系统规划

网络课程不是简单地以网页的形式呈现文本图像、PPT，或者录像和讲义三屏显示。当前网络资源的表现形式较为单一，网络教学环境的设计也相对匮乏，可供自主学习的资源较少，不能很好地满足学生的学习需求。

部分网络课程的建设是依据开发者的主观臆想而建设的，对课程总体框架把握不够，导致平台设计有所缺失，各个资源之间也无法得到互相呼应，学生在选择内容时也往往会丧失兴趣。再加上教育主管部门并未对网络课程的设置进行规范，使得网络课程在建设时便出现了低水平重复建设的现象，很多网络资源形式相似，传播价值不大，造成了网络课程资源的极大浪费①。

（二）网络资源的利用率低

当前国内高校的网络教育资源出现了严重的"重建设、轻利用"现象，高校网络资源利用率低，多数耗巨资而构建的资源课程均处于搁浅状态。由于缺乏系统规划和共享机制，多数高校的网络应用系统均处于独立封闭的状态，建设着属于自己的IT系统，使得优质的资源系统均以孤立的信息小岛而存在，造成了严重的资源浪费，阻碍了互联网时代下智慧资源型环境的构建。

二、传统教学模式的限制

为了弥补人才匮乏的缺口，快速培养出一大批人才，我国注重知识文化的传授，在实际教育教学中，强调以教师为中心，并利用教学大纲、教科书和教学用具等规范教学，以期达到整齐划一的标准。直到今天，这种教学模式依然深刻影响着我国的高等教育。虽然，现在处于互联网时代，但是课堂教学的模式依旧延续了传统的教学模式，

① 武志玮. 互联网+背景下高校课堂教学规范化方法研究 [J]. 科教导刊（下旬），2017（10）：40-41.

在课堂上，教师容易忽视学生的存在，凭借个人兴趣和经验进行教学。学生则选择放弃自己的课堂参与权，主动将自己置于边缘化的状态[①]。在教师的潜意识里认为，变革一个整体性的远程，不仅要从教育环境上改变，还要从教学目标、教学内容、教学过程以及教学评价等多个方面做出改变。自身精力、信息素养等方面，让他们觉得有些力不从心，淡化了教师的职业角色，同时也影响到了师生之间的情感交流，因此，在面对变革时，他们采取拒绝的态度，坚守传统的教学模式。受这种观念的影响，阻碍了互联网时代下高校课堂教学的变革。

三、学生的学习被侵蚀

通过网络，学生可以随时获取零碎信息，信息碎片化直接作用于学习碎片化，同时也将带来知识碎片化、时间碎片化、媒体碎片化、空间碎片化等。虽然，信息的碎片化确实增加了学习的广度和空间，为学生创造了良好的学习环境。但是，碎片化资源其本身所具有的去中心化、娱乐化以及周期短、结构散等特点对学生的学习提出了严峻的挑战。具体问题包括：

第一，知识之间难以建立联系。面对海量的信息，学生根本无法整合有意义有价值的知识。互联网时代下的碎片化学习，对学生的思维逻辑能力提出了很大的要求。可能会使学生在碎片化的学习过程中

---

① 胡玲. 互联网+背景下高校课堂教学模式改革研究 [J]. 劳动保障世界，2017（36）：76.

容易产生认知障碍；使思维逻辑能力的发展受到限制；在学习的过程中经常出现知识断片的现象，无法有效弥合知识与知识之间的缝隙。

第二，学生学习的专注度下降。受多元信息的影响，标题式阅读、搜索式阅读等成为阅读的主要方式，学生会从当前的主题直接跳跃到另外一个主题，这个过程消解了学生对知识的理解，严重影响了深度学习的发生。

第三，降低学生的思维活跃性。身处网络时代，学生面对大量信息，容易养成懒于思考的坏习惯，在遇到问题后，他们更多地喜欢依赖智能手机进行答疑解惑，而不喜欢动脑筋思考，严重制约了他们主动思考问题的能力。

四、教师的教学挑战

互联网入侵高校课堂，影响课堂教学的管理、教学目标的实现以及学生对教师的认同等方面。教师面临的挑战包括：

（1）课堂教学的管理难。网络使学生沉迷，甚至在课堂上会使用手机上网、聊天。此类现象的出现加大了教师课堂教学管理的难度。

（2）教师教学目标实现难。由于网络的便捷，学生遇到问题都通过网络获取答案，减少了师生之间的互动，导致教师无法深入了解学生对知识的掌握情况，更无法去衡量教学目标的达成与实现。

（3）教师的角色受到挑战。近年来，许多在线开放课程迅速崛起，拥有着丰富、优质的教师资源，学生只要登录平台注册一个账号，便可自主地选择课程进行学习，这使得高校教师的职业受到威胁，一定程度上降低了学生对教师的认可度。互联网时代下，知识的传递在课前便可进行，这使得教师作为单纯的知识传递者的角色面临改变。

五、师生关系存在问题

网络时代下，人缺乏真实的沟通，人与人的关系很松散，师生之间、生生之间的关系也变得疏远，这种疏离感让个体感到孤独、压迫、无意义。

互联网时代下课堂教学变革不充分，传统教学模式的影响，疏离冷漠是师生关系中存在的最大问题。在高校实际的教育教学中，教师依然是站在台上的表演者，学生则是坐在台下的观看者。在这个过程中，教师与学生没有情感上的沟通和交流，使得教师与学生在无形中便形成了一种习惯性的互相遗忘，学生不愿意主动找教师沟通交流，教师也无法真正了解学生需求，并对其提供帮助，导致"教"与"学"最终逐渐走向分离，而教师与学生之间也因缺乏必要的沟通和交流，出现了不和谐的局面，其关系岌岌可危。但是人是需要情感，需要生活在群体中的，因此，如何维持互联网时代下的师生关系，是需要解决的问题。

第三节　互联网时代深化高校课堂教学变革的策略探讨

一、数字化教育资源的整合优化

高校数字化教育资源在互联网时代得到了极大丰富，出现了各种类型的在线课程和教育APP。当前，浪费网络教育资源的情况越来越严重，存在低水平重复建设情况，这些问题已经影响到高校课堂教学改革的进程，阻碍了高校教学进步。使线上资源得到充分利用，优化各类教学资源，已经成为高校工作的重点，也有利于打造新型课堂，加快教学改革。

（一）适当划分数字化资源

数字化教育资源种类繁多，对其进行分类很有必要，为此可以大大增强资源的利用效率，便于进行管理。在划分数字化资源时，要遵循科学、实用等原则，根据相关要求进行划分。根据不同的使用需求，划分标准也有区别，可以从情感、教育角度或资源用途、属性等角度进行划分。

总之，划分数字化教育资源，一方面要按照相关标准，另一方面要保证科学性、艺术性，体现先进的教育理念，建设真正适合学生学习和有利于高校改革的数字化教育体系。

（二）拓展数字化资源环境建设渠道

构建高效数字化教育资源体系，需要联合社会各界力量，拓展数字化资源环境建设渠道，使各行业、各学科不受限制地进行合作，打造更加开放的数字化教育资源体系。对于数量少又具有个性，而且使用范围较小的数字化资源，应采用自建方式，而共建的形式则更加适合数量大、应用范围广的数字化资源，还有某些优质资源，建设难度较大，可以采用引进的方式。

（三）共享激励机制建立

建设共享激励机制，可以有效提高教育资源利用率，弥补数字化鸿沟，更好地建设和发展教育资源平台。因此，建设数字化教育资源共享激励机制，设立相关奖项，用于奖励在数字化资源建设方面具有突出贡献的管理者，从而在经济方面予以支持；学校方面也可以将数字化资源管理能力作为职称评选标准，从多个方面推进数字化资源整合与优化。

二、混合式教学模式的建立依据

基于互联网时代的高校课堂教学模式，互联网时代的思维特点与教学模式的重点要素也被赋予了新的内涵和特征。高校课堂教学在互联网时代背景下要将线上教育和线下教育相互融合，在信息环境和各种媒体的推动下重新规范课堂教学模式流程，使课堂教学更加开放、共享，将单一的线下教学模式转变为线上和线下教育相结合。这种混合式的教学模式，一方面将在线教学和传统课堂教学优势相结合；另一方面是教学模式的创新，使师生之间更好地进行互动。

所以，在"互联网+"时代发展迅猛的情况下，高校课堂教学需要跟随时代发展步伐，进行混合式教学模式改革。以下内容将从课前备课、课中教学和课后辅导三个方面探讨如何将线上教育和线下教育相互融合。

（一）课前备课

当前，按照传统模式进行课前预习，已经无法适应当代高校课堂教学，教师在备课方面也要另辟蹊径，与此同时，出现了协同式网络备课。协同式网络备课通过多方协同方式，开发和呈现某些隐性的教学资源，以取得更好的教学效果。这种新颖的备课方式可以博采众长，集中多种观点，是集体备课的体现，也是教学方法的一种创新，产生了"1+1>2"效果。

首先，教师在课前要进行个人备课，然后通过协同备课，根据个人需求进行创新，充分整合地利用有效资源。这一过程分为以下环节：①制作相关预习材料；②通过课堂教学信息平台，将事先制作好的材料发送给学生；③学生利用收到的预习材料进行预习，教师通过信息平台监测学生的预习情况；④学生可以在线向教师反馈在预习中遇到的问题，教师可以在线解答；⑤预习完成后，学生可以在平台上留言，反馈自己的问题或分享某些体会。

（二）课中教学

传统的课堂教学中，学生往往是被动地接受知识。在互联网背景下，课堂教学的重点应该是使师生之间更好地互动，这种互动区别于传统的课堂互动，其借助相关信息平台，使教师和学生之间进行无障碍沟通和交流，建设混合式学习模式。

课堂教学中，教师和学生之间的教和学主要通过以下步骤展开：①学生分为几个小组，将课前预习中遇到的问题汇报给教师，教师对学生的问题进行整理和筛选，选择具有代表性的问题在课堂上进行讲解。②课前，教师要设立相关情境导入教学内容。③通过使用师生双方都有的移动终端和网络平台，实现多种途径的教学。教学中，教师可以通过反馈平台了解学生的学习情况，学生可以向教师反馈学习问题，使双方更好地进行互动。④解决课前问题以后，教师可以在学习平台上发布学习任务，让学生以小组形式进行讨论和学习。⑤进行课堂测验。教师在学习平台上发布测验内容，学生必须在规定时间内完成并提交，提交的内容由智能测评系统进行评价和分析，以便于更加全面系统地了解学生对于知识的掌握情况。⑥根据智能测评系统反馈的结果，教师需要对学生进行相应指导，帮助学生更好地掌握所学内容。

（三）课后辅导

在课堂教学中，课后辅导也是十分重要的一部分。在高校传统的课堂教学中，课后辅导并不被重视，学生在学习中遇到的问题往往无法得到解决，最终的学习效果也无法得到保障。通过互联网，可以将课堂教学和课后辅导有机结合。学生在课后可以将自己的问题通过互联网平台反馈给教师，使问题得到解决；教师可以利用人工智能等途径，对学生的学习情况进行分析，及时了解不同学生的需求，以便于有针对性地进行个性化教学。

三、学习观方式的重塑

（一）强化思维逻辑能力

学生无法构建完整的知识系统的一个重要原因是知识的碎片化。所以，在课堂教学中，教师要重点帮助学生构建完整的知识体系，利用学生碎片化学习的特点，帮助学生更全面地掌握每个知识点。学生也要学会归纳和总结所学知识点，形成适合自己的学习方式，将碎片化的知识进行整理，搭建个人的知识体系和框架。

（二）推动深度学习

学生对信息的认识与理解如果只是停留在表面，是无法做到深思、沉淀、内化到自己的认知当中的。因此，面对信息时代的海量信息，学生要加强深度学习的能力，从而实现自我超越。踏实专注、心无旁骛、认真做事，这种状态能保证学生将时间和充沛的精力凝聚到所做的事情上来，发挥自身拥有的积极性、主动性以及创造性。作为网络时代的学生，我们理应充分发挥工匠精神，学会独立思考，用深度学习需要的专注和坚持，去填补碎片化时代所带来的短板，更好地推动互联网时代下学习的发生。

（三）学习方式向主动学习转变

学生要有主动学习的动力并学会主动学习，才能使学习过程更好地进行。对此，学生首先要转变被动的学习态度，更加积极主动地投入学习中，树立终身学习的理念，才能让学生拥有主动学习的动力。

当前，互联网和多种在线平台不断发展，很多国家都在树立终身学习教育理念的思想指导下进行教育改革，这一思想可以有效优化教育结构，促进教育发展。互联网时代，学生需要紧跟时代发展步伐，树立终身学习理念，并用实际行动践行这一理念，才能更好地适应未来社会发展，在社会竞争中立于不败之地。

四、强化教师队伍信息素养

信息素养是现在教师必不可少的重要素质之一。传统课堂的教学方法，已经不适应当前高校教学的发展实际，在此情况下，教师需要提升信息素养，向TPACK能力全面发展。

TPACK是一种将技术、教学法和学科内容综合起来的知识体系。拥有TPACK能力指能够将技术、教学法和学科内容等知识有机结合，对高校教师提出了更高要求。为此，高校教师需要更好地进行教学，必须具备TPACK能力，才能适应当前课堂教学的发展。

时代是不断发展的，教师也要不断更新自己的思想，以学生为中心，积极主动地学习互联网相关知识，以适应时代变化；掌握互联网相关技术，并将其运用到课堂教学中；在日常工作中要主动学习，多反思。借助相关互联网平台，师生之间的互动和交流也越来越多，交流渠道也在不断扩展，教师要及时总结和反思，促使自身不断进步，推动互联网时代背景下的高校课堂教学改革。

五、师生关系的建立

师生之间的关系是一种特殊的社会关系，这种关系是在教学过程中形成的，体现出双方的地位和作用，以及彼此之间应采取的态度。良好的师生关系可以使课堂教学更加顺利，使师生之间更好地互动，也可以使教学双方保持积极的态度，不断延续这种良好的关系。

（1）平等、民主，建立和谐关系。面对当前的师生之间的关系，需要尽量建立良好的师生关系。教师和学生认识到尊重包容、和谐平等是构建良好师生关系的前提。尤其是教师，更要认识到这一点，尊重师生关系、适应学生平等共处，将学生看成是具有生命思维的个体，积极引导学生积极沟通、主动学习。

（2）师生之间需要多沟通多交流。彼此的沟通要以线下为主，也可以通过线上交流，使双方保持及时的沟通。尤其是在互联网时代，教师之间更应该多互动，利用线上和线下的优点，促进双方关系的良性发展。

首先，教师在沟通方面要充分利用线上和线下的优势，与学生保持联系，了解学生需求，对不同的学生实施个性化教学。

其次，学生要转变学习态度，主动学习，积极配合教师布置的各项任务，主动与教师进行沟通，保持密切联系，在学习中与教师进行合作。

第四章

互联网时代高校定制化教学创新研究

互联网时代，教育由于科学技术的进步而逐渐走向现代化，教育的主体也逐渐从教师转向学生，更加关注学生的需求，越来越注重提升学习者的综合能力和各项素质。本章主要从教学理论、计划可行性以及教学创新进而系统构建以及方案设计等角度，讨论互联网时代下的高校定制化教学方式。

第一节　互联网时代高校定制化教学的
理论透视

一、多元智力理论

每个人都是独立的个体，不同的人认知能力与认知方式都有所不同。对于认知能力的独立性与差异性的认同被称为多元智力理论，又称为多元智能理论。

多元智能理论主要包括：①视觉主空间智能。在大脑内形成三维思考，即在大脑内部可以形成对应外部的一个立体图像（即外部空间世界的模式），自身可以自由修改、转变乃至重塑此图像的呈现，并在此基础上进行加工创造，从而进行课题操作、图像信息破解的能力；②身体主运动智能。通过操作客体对象，使身体配合得当，进而推进问题的解决与产品制造的能力；③人际关系智能。又称交流–交往智能，是一种在与他人交流中理解对方并与之交换情感的能力；④自我认知智能。通过对自我模式进行符合实际的建立，达到对自身内心世界的探寻，并将此模式应用在生活中的能力。此外，多元智能理论还有一部分体现为智能，同时兼备应对现实问题、对新问题的提出与解决、发明独具特色与文化价值的服务或产品等能力。

每个个体的智力与能力结构各不相同，是多元智力理论最核心的思想，其在发展过程中还需要不停扩充与完善。多元智力理论对于高校定制化教学设计具有理论支撑和方向引导作用，其主要表现为：

第一，一种智力的形成，源于使个体产生对某种行为的倾向，并使其不断强化的一种特质，即影响思考者对信息的加工并赋予该信息以意义的某种特质。这种智力的倾向性使得不同学生做出不同选择。定制化教学要做到在关照此种特性的差异基础上，进一步安排、设计学习内容与理论基础，做到在丰富学习内容的同时因材施教，尽可能地开发不同智力向个体智慧转变。

第二，注重对于智力的整理合并。组合是智力运作的基本方式，多种智力组合是不同文化程度的人解决问题的通法。专家指出人类拥有八种智力，且通过学习和训练，人的智力可以得到不同程度的发展和提高。因此，要制定合理的定制化教学方案，除了要立足实际结合现实情况，更重要的是从满足学生智力整合需要角度出发，发展优势智力，注重不同智力组合之间的适当配合，激发能力多样性，以此提供科学全面的选择，更好地促进学生向更加全面的方向发展。

二、个性发展理论

教育改革主要关注的是学生的创造性，我国目前需要大量创造性人才，因而对于学生个性的塑造已是大势所趋。从个性差异方面来看，影响学生创造性的因素有以下几种。

第一，影响学生成长的首要因素在于智力。从其表现上看有如下形式：①从类型差异性区分，智力因素主要可以分为记忆力、思维力、感知力、想象力、言语能力、操作能力六种，这些能力的不同组合形式构成不同的智力类型；②从发展时间性来看，智力的发育有早晚差别性；③从发育程度来看，智力发展水平并非完全相同，有人智力发展较好被认为是超常，智力发展较平均水平稍差，即低于常规水平，也就是我们所说的低常。智力发展水平的认知依靠智力测试完成。

第二，除了智力因素以外，还有非智力因素对于学生个性发展也具有一定影响，主要体现在学生的需要、兴趣、气质、性格等方面，这些统一被称为非智力因素，主要影响人的心理活动，体现在学生身上更多地决定了其学习动机。

高效定制化教育在个性发展的理论影响下开始发展并逐步有所改善，其相应的启示主要有如下方面：①在时间和理论方面定制化教学，能够更好地把握学生成长的规律和不同学生的适宜发展模式。在学生发展方向给予充分的自我发展空间，满足学生作为主体的独特性、创造性，根据社会发展形成相应的教学方案。②个性发展的主要作用是为了提高个人优势，与高校定制化教学理念不谋而合。此外，高效定制化教学主要是在挖掘学生个性基础上，给其留下充分的发展和展示的空间。③教育资源应该实现精准配置，教学设计应该根据学生特征进行个性化定制，使学生的个性在正确引导下健康发展，从而使学生在更好的师资、课程与教学方式引导下，实现个体的自由发展。

三、人本主义教育理念

人本教育理念对于现代教育的发展造成了十分深刻的影响。人本教育理念主要是对人的个性弘扬，对人自我实现的促进。人本教育理念强调人的创造力、自我实现、价值以及尊严，将人类对于本性的自我回归归纳到潜能发挥的范畴。

以下两种方面是人本主义的核心理念：第一，人是一个整体；第二，每个人都具备自己的个性，拥有属于自己的意愿以及需求，对于事物有自己独到的见解以及经验，都有属于自己的优势。自我实现的关键在于人是否可以清楚地意识到自己的优势所在，能否激发自身的内在潜能以及内在价值，最重要的是要把握住自我意识。人类的发展是创造性的、主观能动的，对于自身能够进行自主选择。

在互联网大时代背景下，人本教育理念可以指导高校进行定制化的教学设计，主要体现在以下三方面：①把握人本主义教育理念，使学生能够理解最高层次"自我实现"的需求，是奠定高校定制化教学的基础所在。传统的教育形式忽视学生的感受，进行批量化教学，然而定制化教学则会帮助学生自我实现，展现出自我价值，对学生更加关注。②人本主义的教学核心是帮助学生认识到自身的优势所在，关注学生的个性发展，通过引导方式使学生能够认识到自身的独特性，最终帮助学生发挥自身的内在潜能。人本教育强调学生通过自身内在驱动，充分开发自身的内在潜能，从而达到自我实现的学习目的。通过开展高校定制化教学，使学生获得对教育的决策权，通过建立主动自觉的学习模式，使学生能够获得自主学习能力，开发学生的自觉性、主动性以及创造性。③真正有教养的人是拥有自主学习能力的人，能够根据环境变化而改变自身学习模式。高校定制化教学的目的就在于此，帮助学生们提高学习能力，提高学生的个体智慧，而不是单纯地传授知识。

学习原则的核心在于教导学生自主学习，给学生足够的自主权，教师要对于学生的潜能足够信任，这样学生会在自由学习过程中形成属于自己的、带有自身独特风格的学习方法，这样的学习方法对于自身而言是提升最快的、最佳的学习方式。在定制化教育中，教师扮演的角色只是引导者和帮助者，主要的决策者以及管理者的角色由学生自身进行扮演，教师的职责在于给予学生良好的学习环境以及充足的教育资源，使学生能够进行自我提升。

在高等教育发展过程中，高校定制化教学是十分可行的一种新形式。在高等教育下有诸多利益方，他们会经过不断博弈形成一种动态平衡的教学状态。在这种教育状态下定制化教学模式必然存在一席之地，定制化教学的程度是唯一需要考量的条件。本文主要目的是为了解决新时代高等教育发展所面临的诸多挑战，重点是在互联网时代大背景下对于高校定制化教学模式从多个角度进行理论分析。

第二节 互联网时代高校定制化教学 可行性分析

一、高校定制化教学的可行性分析

"定制"作为一种顺应互联网时代的生产范式，核心是对每一个个体需求的关注，而这一理念也应该是当前高校教学改革的方向与必经之路。高等教育需要关注每一个学生个体的需求与发展。

对于现有教学模式来说，定制化教学起到辅助和补充作用。定制化教学针对学生的个性特征，利用现代信息技术设计个性化的教学方案，还可以提升教师的教学智慧，使教师更科学、更有针对性地开展教学活动和教学辅导，大幅度地提高学生参与度，增强教学效果。定制化教学与现有的教学模式共同组成互联网时代的新型教学模式。

高校定制化教学注重学生的兴趣爱好、个性特征、认知框架、能力结构以及思维特征，把这些作为教学活动和教学设计的起始点，定制教学能为每位学生提供与之匹配的个性化教学，提高学生学习的积极性和自主性，增强学生的学习动机和自我效能感。除此之外，定制化教学还关注学生的能力倾向，会为每一位学生提供不同的学习目标和发展路径，有效培养学生的创造能力和发现问题、解决问题的能力。基于此，互联网背景下高校可以将定制化教学作为教学改革的可行方式，具体主要从以下方面分析。

（一）教育资源层面分析

1. 提供丰富优质的教育内容保障

近年来，MOOC（慕课）、SPOC（小规模限制性在线课程）、精品资源共享课程、微课、视频公开课以及各种在线学习平台和网络教育资源等层出不穷，这些教育资源内容丰富、形式多样、获取便利，为高校教学变革提供了充足的教学资源。这些教学资源适用于不同范围，各有特点。比如MOOC是一种开放性的大规模在线课程，可以为学生提供形式多样的课程资源和广阔的互动平台；SPOC则是一种限制性的小规模在线课程，提供更具针对性的教学资源，更容易与传统教学模式相结合；微课则短小精悍，提供的资源多为具体的教学要点，可以帮助学生对具体知识点进行学习。以上不同的教学资源为实现定制化教学提供了资源和内容上的保障，可以针对学生的个性特征选择相应的教学资源。

学生通过学习平台进行学习活动时，无需他人提出要求和给予关注，学生会主动在网络平台上分享自己的学习资源。如果在教学和学习活动中，全世界的学生都能够分享自己的学习资源，教学资源的生成速度将不可估量。基于学生不同的生活环境和文化背景，学历程度和学习进度也有所差别，由此生成的学习资源是丰富的，教学资源的形式也是多样的，同时要求学生有更有效的学习能力和学习效率。

2. 高校对教育资源的占有

当下丰富的网络教育资源建立在移动互联网发展和普及上，各种网络学习平台的建设为整合教育资源提供了渠道。优质教育资源从本质上来说是指世界各知名高校研发的课程，在附加多种辅助性教育资源后将其进行共享，既有特色质量又有保证。

高校教师和在校学习的学生是教育资源的主要使用者，高校教师利用教育资源提升自我，并把它们作为开展教学活动的补充性资源，而学生把这些资源当作对传统高校教学的补充和完善。除此之外，高校是研究在线教学平台资源以及其前瞻性和指导意义的主要阵地。

可以说，互联网时代，开发、使用和研究数字化学习资源、网络学习资源等都需要依靠各高校，也说明高校拥有大量的优质教育资源，能够广泛开展关于优质资源利用形式的研究和探索，以实现充分合理利用优质资源的目标，也使得高校开展定制化教学成为可能。

（二）学生层面分析

1. 互联网时代学生特点

当今，学生普遍了解和熟悉计算机和网络技术，已经拥有一定的信息素养和实践能力。但是海量的信息在为学生带来丰富学习资源的同时，也带给学生超负荷的认知和学习负担。为此，学生需不断提升自身的信息素养，提高信息辨析能力，以迎接互联网时代下的新挑战。

当下，学生对网络信息技术抱有较高兴趣，热衷新鲜事物，关注世界前沿问题，他们有能力获取更多的优质学习资源，也愿意与网络化环境产生深度交流和互动。学生能够适应在互联网环境下开展学习，也成为当代学生的一种主要学习方式。学生是倾向于这种强调个体自身特征的学习方式，也能够适应在互联网时代背景下高校开展的定制化教学。

2. 学生的学习需求

大规模教学仍然是当前高校主要的教学模式，因其管理方便且利于提高教学效率，一直被高校所采纳。但是这种教学模式也有其弊端，其更加关注学生整体的特征和情况，容易忽略学生的个体特征。着眼于学生整体设计教学活动、确定教学进度，无法符合每一个学生的特征，在学习过程中，学生可能缺乏学习积极性，无法达到良好的学习效果。通常这种教学方式只是简单地呈现信息，形式较为单一，无法满足不同学生的学习需求。学生本身能够接触到各种教育资源，有兴趣和动机接受和学习新知识，学生更需要个性化的、有针对性的新的教学方式。高校定制化教学关注学生的个体特征，在充分了解学生个体情况基础上开展教学活动，能够有效激发学生的学习积极性，提高教学效果，让学生受益于基于技术的新型教学方式，满足学生的学习需求和期望目标。

（三）教师层面分析

1. 树立新型教育理念

高校教学改革，推进了理论研究的深入与教学变革实践的开展，在互联网时代背景下，高校教师深刻地认识到当下教学形式的弊端，已经不能适应社会发展要求，不能满足学生学习需要。对此，教师需要不断接受新的教育理论，保持自我更新和自我反思，努力在原有教学结构中融入新的教学形式。

在课程教学中引进和使用各种在线学习平台，注重探究性合作教学的开展，把学生作为学习的中心和主体；同时，将各种精品教学资源、MOOC 等融合到课堂教学中，拓展课堂教学内容。从以上内容可以看出，各高校教师已经认可并在积极探索新的教学模式，有利于研究和开展高校的定制化教学。

2. 教师价值的重现

教师的价值体现在利用自身所拥有的智慧和能力方面，帮助和引导学生塑造品格、生成智慧、提升能力。建立在互联网技术基础上的高校定制化教学，虽然给予学生教学设计的决定权，但并不代表教师减少了责任，而是需要担负更加重要的责任。学生受各种客观限制影响，不能全面准确地了解自身，即使有各种大数据分析技术、量化自我技术和学习分析技术等支持，学生对自身的了解也是有局限的，学生并没有足够能力做出最正确和有效的决策。这时，教师由于掌握大量数据信息，并且对学生的个人情况和学习特征有着初步掌握，再结合教师多年的教学经验、积累的教学智慧以及对教学内容和进度的把握，能够为学生提供合适的教学指导和决策指导，帮助学生做出正确选择。同时，定制化教学实现了对丰富课程资源的整合，为教师进行教学改革提供了更多可能性。

教师在定制化教学设计以及实施过程中，承担着重要角色，教师要充分发挥自己引导学生生成智慧、启迪学生的重要价值。教师能够对高校定制化教学保持认同态度并愿意积极进行探究和尝试，将为开展定制化教学提供师资方面的重要保障。

二、高校定制化教学的关键支撑技术分析

（一）量化自我技术

未来几乎所有能想象到的事物都能追踪和量化。量化自我指通过数据收集、数据可视化、交叉引用分析和数据相关性等技术手段，对个人生活中有关生理吸收、当前状态和身心表现等方面的数据进行获取。量化自我是利用技术和设备来追踪自己的情况，并进行量化。

生命本身也将变成时刻不断前行的生活流。对自我进行量化是为了促进自我进步、自我发现，激活自我意识，加深对自我的了解。但将量化自我工具和相应的技术运用到教学活动中时，重点不再关注学生客观的生理数据信息，而是把重点放在收集学生学习过程中的相关数据，还包括学生对学习的外部环境感知情况。通过整合这些数据，在进行综合分析后，将这些数据应用到定制化教学中，可以更具体、更全面且有针对性地了解每一位学生。

在高校定制化教学中使用量化自我技术，可以帮助学生更好地了解和把握自身特征，以此制定和选择最符合自身学习需求和发展的教学计划和方案，确立科学合理的教学目标，在教学中真正做到以学生为中心。同时，帮助教师掌握学生学习规律，为学生提供符合个性需求的教学活动和学习内容定制化教学，实现以学生为中心。

（二）大数据与教育数据挖掘技术

大数据作为一个新兴术语，用于描述人们难以想象的海量数据，以及这些数据生成的速度和结构。大数据主要有六个核心特征：一是数据量大，增加了数据存储、传输，以及分析处理的难度；二是数据增长的速度越来越快，出现了信息流增长率问题；三是数据准确性问题，涉及数据收集、处理和使用过程中的信任问题，以及因来源不同数据产生的偏差、数据异常或数据噪声；四是数据格式多样，可分为结构化数据和非结构化数据；五是数据验证，指对数据进行进一步验证并分析数据安全问题；六是数据价值，即大数据是否有益于创新想法的产生、是否能够改进原有流程并创造利益。

借助大数据技术，高校教学可以通过数据进行决策，决策更加科学合理。大数据建立在数据采集技术、数据存储技术、数据分析技术、数据传输技术和数据可视化呈现技术基础上，能够起到优化教学，提高学习效率的作用。借助各种网络教学平台，将大数据的相关技术融合进教学活动中，收集学生关于学习的所有数据，深入分析每个学生的个性倾向、知识结构、学习能力、价值取向、兴趣爱好、能力结构等，全面了解每个学生。

深度挖掘教育数据，分析学生群体特征，探究并掌握学生集体学习的规律，为开展大规模教学提供数据和技术支持，不仅能够提升高校教学的针对性，还能提高教学效率和教学效果。同时，可以转变传统的教学评价形式，实施基础数据的多元化教学评价，把评价主体从教师转变为科学的数据，为开展下一步教学活动提供参考依据。

高校定制化教学重视学生的个性特征，将其作为教学涉及的起始点，要求对学生个体必须有深入且全面的了解。传统教学中，对学生的认知大多来自教师的评价和学生的自我评价，不可避免地存在以偏概全甚至是完全错误的情况，而互联网时代背景下，运用大数据技术收集关于学生的数据和信息，经过整合分析后，对学生的评价会更加科学和真实，帮助教师和学生进行更好地教学决策，教学设计也更加具有针对性。

（三）学习分析技术

学习分析技术的具体操作流程为：搜集和分析处理与学生的学习行为和交流互动情况相关的数据、学生的基本个人档案信息及所在的学习情境，以此评估学生的学习结果，发现其中存在的问题，并对学生的未来发展作出相关性预测。学习分析以改进教学设计、优化学习结果为目标，还包括对教学环境的分析。

学习管理系统（简称LMS）可以跟踪和测量学生在学习过程中的行为，记录有关学生的数据。学习管理系统平台中不断存储着大量关于学生的个人数据，包括学生选择的专业、课程内容，对待学习的态度、偏好，以及参与讨论、合作、作业等，都是关键的数据信息。

学习分析的过程是不断循环的，平台提供数据后进行分析，然后根据分析的数据完善教学设计，以学生为中心开展教学。教学过程中，新生成的数据会被平台再次记录，这样的信息采集与分析不断伴随着学生的学习过程。教师、学生以及教学管理者可以通过学习分析技术和学习管理平台，对整个教学过程有更加深入和全面的认知，从而不断改进教学策略，完善教学方法，有利于更好地开展教学活动。

应用学习技术分析，可以充分了解和掌握学生当下的学习情况，通过分析学生的学习过程判断学生的学习路径，评定学生的学习风险程度，以便及时给予学生学习预警，如有必要可提出具体干预措施，保障学生顺利完成学业。除此之外，收集学生给予教师的评价和反馈，以完成对教师的科学评价，并帮助教师进行有针对性的教学设计；参考学生的整体数据进行总体教学设计，同时为少部分需要预警提醒的学生提供适当的教学干预。

三、互联网时代背景下高校定制化教学的动力因素

（一）社会发展动力

生命之初，教育和人的生存与发展的联系并不紧密，但是随着生活水平和物质水平的提高，人类从原来追求简单的生存逐渐演变为追求更高质量的生存。教育在推动人类追求精神文明和物质文明中扮演着重要角色。社会发展越快，人类的追求也会越高级，人类作为独立的个体，个性特色也表现得更加明显。高等教育的存在会满足人类个体发展需求，也是互联网时代背景下高校定制化教学的动力因素。

我国特有的社会主义制度表明国家对我国教育发展占有重要位置，也负有很大责任。互联网教学的发展在一定程度上被推动。倘若教学制度需要变革，满足的第一个条件是要满足国家对人才的需求，在满足要求的前提下，才可以推动教学制度变革，也为此次变革提供

了保障。

（二）经济发展动力

高等教育教学要变革需要有物质基础和动力，而人们在日益发展的物质生活条件下对教育不断并且更高的追求，是物质基础和动力的前提。人们对教育需求不断增加并且随之付出更多的投入，成为高校开展定制化教学这一变革的前提和动力，也是其变革的物质基础。

随着社会发展，人们生活水平的提高，高等教育的市场也随之增加，进而迎来高等教育变革浪潮。在这一浪潮影响下，可供家长和学生选择的教育途径随之增加，家长和学生的需求也随之提高，他们原意为之付出更多的金钱以求得到最好的教育资源。对此，需要高等教育进行改革，除了重视质量外还需要重视服务，才能够迎合目前市场下家长和学生的需要。人们对教育的需求是与当下物质条件息息相关，人们物质条件的丰富，使他们追求更好更优质的教育，也是一种新的价值体现。

为了满足人们日益增加的教育需求，需要提升教育的教学质量和服务质量。人们经济水平的提高，促使他们在追求简单的教学服务同时，也追求更好的教学服务，而在互联网时代背景下，教育服务要以学生为主体，尽最大可能满足学生需求，进而为他们提供更加优质的服务。因为互联网时代背景下，学生群体是高校定制化教学的主体，是高校定制化教学变革的动力和经济基础。

（三）高等教育转型动力

高等教育在新的时代背景下的新的要求：尊重生命和人格尊严，

权利平等和社会正义，文化和社会多样性以及为建设我们共同的未来而实现团结和共担责任的意识。教育是以培养人才为目的的一种活动。随着时代发展，不同时期需求的人才也不同，现代社会更需要创新型人才，为此教育需要做出改变，以便培养出具有创新能力的人才。因此，教育需要进行改革。

现代社会教育理念以及教育形式，随着国家需求和学生需求发生了很大变化，这些变化也推动着教育进行又一轮变革，促进其快速转型。现代社会需要多样性人才，需要多样化人才，需要创造型人才，还需要尊重学生发展，关注受教育者，这一切的需求都推动了互联网背景下教育制度的变革，也是高校定制化教学变革的动力，也是推动者。

（四）互联网络及信息技术动力

互联网络及现代信息技术的发展，教育形式发生了变化，教育教学环境和场所也随之改变。当前，社会主要的学习方式为泛在学习、数字化学习以及移动学习，这些学习方式的存在都依赖于网络基础和现代信息技术的建设。互联网技术的发展和变革让信息更加公开透明，也让人们获取资源更加便捷快速，改变了信息的存在形式，让资源进行重组并且进行了优化，还拓宽了资源种类，使信息资源能够全人类共享，进而变革教育教学发展方式。

互联网时代，信息知识迅速拓展并膨胀，全世界都可以接触到信息知识。随着各种技术发展，教学方式也随之发生变化。由之前教师教导型的经验型教育转变为科学化、智慧型教育。随着时代发展，未来社会的学习方式将会更加开放和便捷，学校对学生的分析可以采用大数据模式，这样会得出更加精准的分析结果，全方位、多层次地了解学生。学生的个性特征、知识和认知结构、能力倾向和情感结构都可以通过大数据一一呈现。这样详尽的分析，可以让学生发挥出最擅长的学科内容，也可以及时纠正学生在学习方面存在的问题。不仅如此，大数据模式下的教育方式可以分析出学生存在的知识盲点并完善学生的学习框架和学习结构，进而让学生发挥自身优势。要在互联网背景下进行定制化教学，以上内容是其变革的基础。

四、对定制化教学的误解

（一）高校定制化忽视个体社会性

高校定制化教学的发展方向是个性化，但误以为定制化教学只针对学生个性发展，对定制化教学产生了误解。定制化教学虽然在一定程度上是为学生提供最优质的教育，但最终目的是为了"树人成才"。众所周知，教育可以促进人的发展，具体呈现为以下两个方面：第一是成人。受教育熏陶，人会从自然人成为社会人，简而言之，是社会化的人，是社会成员中的一名。第二是成才。成才指经过教育熏陶后，自然人会拥有知识并逐渐专业化，具备在社会上生存的资格，逐渐成为有用的人，被社会需要。

我国高等教育的基本任务有包括：要培养专业人才；要促进社会主义现代化建设；要推动科学技术发展。根据我国国情进行教育变革也是社会需求，也是立足于社会发展提出的要求，也是为了满足社会发展而进行的改革。前面提到人经过教育会成为社会的人，表明人不能脱离社会而存在，而个性化教育虽然突出学生的个性，但是要和社会需求、家庭需求相联系，只有这样，才可以遵循社会发展的客观需求。

学生的教育虽然强调个性发展，但是在追求个人发展的同时，也要时刻牢记民族振兴以及社会需求和国家发展，这样的定制化教学才是真正意义上的定制化教育。高校教育变革要围绕学生、社会、家庭、国家等方面的需求，才能做到真正意义上的变革。

（二）高校定制化教学主体不明

定制化教学的主体对象是学生，但教师也是主体之一，但并不代表定制化教学还是以教师教学为主，学生听课为辅。恰恰相反，定制化教学是为学生量身定制，学生处于定制化教学中的主要地位，教师处于次要地位。互联网时代背景下，学生可以对学习方式和学习策略进行自主选择，学生是唯一的教学主体，学生成为教学的决定者，教育平台以及教师在定制化教学中处于辅助地位，帮助学生获得教学资源并且帮助其决策，三者并不冲突。

（三）高校定制化弱化教师职能

高校定制化教学主张将学习的决策权交还给学生，但教师的作用依然重要。学生在定制化教学中有很大的权利，但并不代表学生的任何决策都是正确的。学生在做决策时会受到多种因素影响，比如自身能力、自身认识、自身的倾向等，都会干扰学生的决策。虽然学生是定制化教学的主体，但是在做重要决策时还需要教师辅助，教师也是定制化教学中不可或缺的一环，只有在教师辅助下，学生才能真正承担起决策任务。

第三节 互联网时代高校定制化教学的理念创新

一、多元理念下的高校定制化教学

（一）教育公平理念下的高校定制化教学

追求教育公平是当今世界各国教育人类社会教育发展、改革的根本趋势与共同目标。教育公平的基本内容是实现既存教育利益分配的平等。教育利益表现为可使受教育者个人身心发展的权利、机会、条件及其他发展水平的评价。

不同地区、背景、基础的个体，用同样的培养方案与教学计划将他们放在同一水平上对待，所以高等院校在现代信息技术支持下实施定制化教育，其根本目的是实现教育公平，让所有学生都能够得到受教育的机会，从本质上说是一种平等教育。为了让学生在更大程度上激发学习潜能，让他们获得更多的成长机会，可以根据学生兴趣深挖其潜能，并制定适宜的教学计划和切实可行的方案，真正做到让每一个学生在教育面前拥有平等权利。所以，现代信息技术支持下的高等学校实施定制化教学，能够促进教育进步，是追求教育平等的有效路径。

现代化信息技术支持下的高校定制化教学改变了学生的学习状态，学生在整个学习过程中拥有自主权，可以在教师指导下进行自我选择与决策，每一个学生都可以根据自己的学习状况选择适合的学习方案，有权利结合个人的兴趣进行有目的地学习，定制化教学让每一个学生能够拥有选择机会，在一定程度上促进了公平教育。

实施现代信息技术支持下的定制化教育，主要目的是提高学生自主学习能力，让学生健康成长，实现个性化发展，体现自我价值，从而做一个对社会有共享的幸福人。高校定制化教学可以让每一个学生得到全面发展的机会，是一种公平教育。

（二）高等教育大众化理念下的高校定制化教学

实施大众化高等教育是在所有高校教育体系内面向大众实现公平教育，包括学校宗旨、办学目标与机制、招生和就业措施、专业设置和内容以及组织形式做到公开透明。大众化教育与精英教育有着本质区别，教育部门以及整个社会都要为大众教育提供相应支持。大众化高等教育既要有质的概念，也要有量的要求，从根本上讲，高等教育大众化是一个不断向前发展的动态化过程。

现代信息技术支持下，高等学校定制化教学是实施大众化高等教育的可行选择。目前，我国高等教育处于由精英教育向大众化教育的过渡阶段，但是在这一发展过程中，由于存在理论相对滞后，而实践已经走在前面的现实状况，所以遇到一些问题：①现行教育机制还存在阻碍大众化教育发展的状况。②由于监督机制没有落实到位，教育质量存在不同程度的下降问题。③对于高等学校在社会发展过程中的定位问题还存在模糊的观点，有时将其定位为促进经济发展的有效工具，有时将其定位为政治改革的驱动力，有时又在两者之间徘徊。但是从目前高等教育发展现状来看，一个不争的事实是高校在校生人数已经明显增加，并且其构成成分日趋多样化①。

定制化教学方式应用于高等教育中能够真正做到关心每一个学生，采用这种模式可以有效解决大众化教育发展过程中遇到的相关问题。高等学校实施定制化教育能够提高大众化高等教育的发展速度，从某种程度上说，定制化教育是高等教育大众化发展的新方法。

（三）教育民主理念下的高校定制化教学

1. 教育民主理念

有关教育民主理念包括三方面内容：①拥有平等受教育的权利，不分种族、性别、信仰，也不受权利、地位和经济条件限制，所有社会成员都拥有平等接受教育的权利。②在管理教育过程中要注重民主决策。③在教师和学生相处过程中体现民主，师生之间的关系是平等的，学生尊敬每一位教师，并积极配合教师完成学习任务，教师也关

---

① 李熙. 互联网+时代高校学生管理模式的转变及创新 [M]. 长春：东北师范大学出版社，2017.

心爱护每一个学生，并调动一切因素让学生参与教学。从更广泛的意义上探讨教育民主，指随着经济社会全面发展，会有更多的人享受高等教育，从而更加体现出民族教育。

2. 教育民主理念下的高校定制化教学

（1）教育观念的改变。只有提高教育质量，才能在一定程度上真正实现高等教育民主。实施高等教育定制化教学的具体措施，从根本上提升教育质量，才能将高等教育民主落到实处。

（2）大众化高等教育是实现教育民主的第一步，无法满足学生追求进步的个性化要求，是一种初级教育民主。定制化教学要根据学生实际需求给予更多选择和机会，从而在教育过程、教学方法，以及教育内容上实现民主化，是高校教育走向民主的可行选择，是一种较高层次的教育民主。

实现教育民主最关键的一环是要优化教育结构和改进教育制度，进一步拓宽人才培养的方向和范围，从而向终身教育目标迈进。为此，教育民主与高等教育定制化教学之间要寻求统一协调，实现均衡发展。

二、高校定制化教学的价值理念解析

（一）高等教育价值观

高等教育价值观随着社会的发展，嬗变速度也在加快。这种价值观的发展与演变是与社会需求相适应，而社会需求总是反映着人们对教育的观念和期望。在早期高等教育发展阶段，代表着统治阶级的愿望和诉求。随着社会的进步，民主程度的进一步提高，学生以及其他社会成员已经成为高等教育的重要组成部分。

高等教育主流价值观应体现学生的诉求。现代化信息技术支持下的定制化教学，所体现出的高等教育价值观既要满足经济社会不断发展的需要，又要帮助学生实现其个性化发展的愿望。在高等教育不断大众化发展趋势下接受这种教育，成为学生人生经历的重要组成部分。明确现代化信息技术支持下的高校定制化教学方向，以此为目标，在符合经济社会发展需要和满足学生个性追求基础上，逐步形成高等教育定制化教育理念，从而全面开展高等教育定制化教学计划的实施。

（二）高校定制化教学价值观分析

由于社会的实际需要，越来越多的高校开始注重学生实用技能的培养，在一定程度上形成了学术研究与实际技能之间的矛盾，高等学校定制化教学也存在这种现象，开展定制化教育要满足学生个性化需求，给学生创造适合的教学环境，从而达到人文价值和实际应用协调发展的良好局面。

目前，我国高等教育的发展规模呈现逐年增长态势，高校规模的不断扩展致使学生数量不断增长，对于学生个体的关注度却在降低。互联网的快速发展极大地丰富了教育资源，对于促进学生个性化发展提供有利条件。现代化信息技术支持下的高等学校定制化教育在注重整体教学质量的同时，更要关注学生个性化的培养，只有这样，才能既满足社会发展需要，又能让学生实现快乐健康成长。

第四节　互联网时代高校定制化教学的系统构建

一、教学模块的整合与设计

（一）互联网时代高校结构转变

高校可以根据学生多方面因素重新组建高校结构，比如能力、爱好以及个性特点等因素，打破早期根据年龄进行年级划分的模式。如今，高校教育结构中主要包括四种互依关系：①纵向互依。若学生在低年级时没有熟练掌握基本的理论知识，则随着年龄增长，直至高年级，学生依旧没能掌握这些知识，即知识的学习是按照一定顺序进行；②横向互依。在教学系统中，部分要素固定不变，若这些要素发生改变，其相关要素也会随之发生变化。比如，教师选取了更优质、更高效的方法进行教学，则教学内容、教学形式以及教学评价等方面也会发生相应变化。③物理互依。高校的物理环境是客观存在且不易改变，因而不能随着教学任务的安排而发生改变，也就是说，物理环境是无法为教学提供相应服务，教学活动仅能基于物理环境而进行；④层级互依。不同等级部门之间具有一定制约关系，比如上级政策制定和高校总体设计。在互联网时代下，要有效展开定制化教学，需要打破高校结构中的互依关系，重新整合教学模块。

随着互联网技术的发展和应用，高校传统的教学方式逐渐被改变，其存在的局限性也已经被打破。如今，出现了很多新型的教学形式，如移动学习、网络课程等，打破了物理互依关系。由于定制化教学是以教学模块为基本单位，按照学生的实际需求，将这些模块重新组合起来。因此，应该在此前提下整合模块化结构，重新创建基于互联网时代的高校结构。

1. 打破学科界限基础

在高等教育时期内，文理分科体制的实施过程存在两个显著问题：①学生没有形成自身全面发展意识，主要原因在于学生文理分科体制观念的根深蒂固，使学生的知识结构和思维方式更加单一化，从而影响学生的全面发展。②关于自然科学和社会科学，在研究内容和研究方法等方面必然存在着明显不同，只有两者相互促进、共同发展，才能推动科学和社会发展。

合理的教育体制应该结合的内容有：①人类大脑的生理特征和结构区别，为文理分科体制提供了理论依据；②不同学科的分类特征为文理分科体制提供了合理支撑；③人类长期总结的文化博大精深，而且知识量也在持续增加，学生无法掌握全部知识，为文理分科体制的实施开辟了道路。

因此，基于互联网发展的教育环境下，高校定制化教学应该打破学科之间的局限性，在专业选择上为学生提供充分的选择空间，在学生正确认识自己的前提下，促进他们更好地成长。

2. 专业分流与选择时间的调整

现阶段，关于专业分流和选择时间的调整，主要有两种模式。

第一种模式：学生在没有进入高校时已经明确所要学习的专业，经过大约一年的学习过程，还可以再次进行专业选择，但其前提是在专业所属范围内。这种模式必然存在显著问题，即学生在选择专业过程中，通常对专业情况不知，或者是了解得不够充分，充满了盲目性和随机性。因此，在学习中，学生对专业产生了消极情绪，甚至出现学业危机。

第二种模式：从满足学生个性化要求层面分析，由于学生能力和素养等各方面都不同，因而专业分流和选择时间要做到因人而异，具有自由性和灵活性等特征。在结合学生个性差异基础上，为学生制定个性化的教学方式，给予学生选择专业的自由空间。因此，专业明确的学生能够尽早选择，而专业不明确的学生可以稍晚选择。

3. 专业设置空间的调整

高校定制化教学展开的前提条件是相对自由灵活的专业设置，也就是说，为学生提供更多的专业选择。现阶段，主要包括两种模式：

第一种模式：专业明确后实行专业分流制度，虽然学生也更多地专业选择空间，然而却局限在一个学科类别中。

第二种模式：专业明确后不实行专业分流制度，若学生要转专业，则需要办理和签订相关转专业手续，显而易见，与第一种模式相比，专业选择过程受到约束。

在互联网时代下，定制化教学要求高校应该在专业选择方面为学生营造更多的选择空间，学生能够自由地选择自己倾向的专业。专业选择不仅是高校教学的基本前提，也是定制化教学顺利展开的必要条件。

（二）互联网时代资源整合

1. 全球化视野下的资源整合

通过互联网信息技术和对外开放的教育制度，有效整合每个国家的优质教育资源，将我国高等教学和世界高等教学充分融合，丰富学生的教育资源，扩展学生的知识领域，增强学生的综合能力；促进学生全面发展，为满足社会发展需求培养大量国际化人才。

2. 社会资源的整合

企业、机构以及其他组织部门都具备大量的优质资源，因而促进高校和社会各部门之间建立合作关系非常重要。创建一种有利于高校和企业展开密切合作的模式，即高校和企业形成一种相互促进、共同发展的关系，在这种情况下，不仅可以满足高校教育发展要求，教学能力和管理能力也得到大幅度增强；满足社会发展需求，高校将培养的人才输送至社会，为社会的发展贡献力量。总之，高校和社会机构建立合作关系，既实现资源共享，也促进双方各自发展，从而形成一种互利共赢的局面。

3. 教学资源配置的优化

信息技术的应用为实现资源共享提供了平台，有效整合各个国家的优质资源以及社会各机构的优质资源，能够使优质资源得到最大化的利用。尤其是教育资源的整合和优化，不仅赋予学生享受教育资源的权利，而且为学生获取信息提供了便利条件。

（三）互联网时代课程整合

随着社会发展对高素质人才的需求，在整合高校定制化教学课程的过程中，需要注重协调学生各方面关系，比如学生成长的预备性知识、专业的理论知识和技能实践、社会快速发展需求等方面的关系，从而实现学生全方面发展。

随着课程形态的改变，出现了越来越多的网络课程形态，教学内容广泛。在线教学已经成为现阶段最具时尚的课程形式。线上与线下相结合的课程形式为学生提供了充分的选择空间，在此基础上，满足学生定制化需求的课程将会展开。

作为高校教学活动的核心载体，课程向"关注能力"转变，目标是提升学生的综合素质。在高校定制化教学过程中，关于课程整合需要改变原来的组织方式，将课程划分为不同模块，这些教学模块还可以进行重组，有利于定制化教学课程的设计和开发。所以，要增强学生综合能力，促进学生全面发展，课程设计要将学生的个性特征、学生的成长情况以及问题解决作为前提条件。

（四）互联网时代教师智慧

在教学过程中，存在着无法预知的情况，教师应该发挥自身创新能力，解决各种细节问题，经过思考和改进，教师能力得到显著增强。随着互联网行业的发展，高校定制化教学要求教师创新教学方式，打破传统教学体系的局限性，在教育实践中不断自省和感悟，提升自身教育智慧。受教育的群体都是独立的学生个体，每位学生都具有独特个性，存在差异性。对于学生而言，教师应该具备帮助学生适应全新的学习环境，指导学生利用数据发现自我，提升学生学习效果，发展学生能力。

对于自身而言，教师应该具备利用技术更好地指导学生，优化教学的能力。除了在实践经验的学习，教师更应该不断进取，终身学习，教师的教育智慧是在理论学习—实践—反思的循环过程中积累的，必须加快教师的教育智慧的培养以适应定制化教学。

二、高校定制化教学系统设计

（一）资源模块设计

1. 选择资源流程设计

基于互联网和信息技术的发展以及应用，有效整合大量教育资源，并且为学生创建了存储和提取兼具的优质资源库，学生既可以快速地查询到所要了解的知识，也能够通过优质资源库提升自己的专业水平。资源库会按照学生的基本信息，为学生提供与他们相匹配的资源。在教师指导以及平台推荐的情况下，学生进行资源选择，所选择的优质资源能够促进教学任务顺利完成。

2. 个体资源库的设计

资源库和资源模块的设计是以学生需求为前提条件，并且随着学生的心理特征和外在表现变化而进行改进和调整。在学生构建和编辑资源过程中，也将知识存储至头脑中，从而形成学生的个体资源库。在此基础上，不仅有利于学生的资源选择，还促进了定制化教学发展，帮助学生实现知识创造的目标。比如部分学生倾向于视频类的教学资源，而部分学生更倾向于文本类的教学资源，在学生个体数据库中，相同的信息内容可能会通过不同的资源形式呈现出来。

3. 资源组织结构设计

创建具有扁平化和网络化特征的资源结构体系，能够促进高校资源整合快速地完成，从而取得显著的教学成果。对于不同的教学资源，其课程标识和专业标识也体现出明显差异，基于学生个体模型数据，与课程标识、专业标识相对应的资源是最佳选择。相同的专业能够设置多门课程，课程资源之间存在着一定联系；除此之外，同一门课程也能够设置在不同的专业范围内，而教学资源的划分并不是以专业作为标准，由于教学资源整合，各专业之间能够进行沟通与合作。

（二）课程模块设计

1. 课程模块的分类

通过对课程的整合与重构，将课程分为：

（1）通识课程。这门课程属于预备性知识，主要针对学生的基础教育，是学生参与其他学习活动的前提，也是高校教学至关重要的组成部分。在应用互联网技术的教学环境下，通识课程更要侧重于激发学生的潜在能力，挖掘学生的个性特征，为学生将来的发展打下坚实基础。

（2）职业课程。该课程是高校教学的核心，高校教学培养高素质人才的关键就在于专业知识的传授与专业能力的培养，而这些都通过专业课程的教学展开的。

（3）专业课程。该课程目的是为了使学生适应社会发展的需要，能够在社会上有自己的立足之地，是培养实践能力不可缺少的环节。

（4）多学科整合型课程。互联网时代背景下高校定制化教学更应该注重多学科整合型课程的建设与开展，以技术支撑开展以提升学生能力、发展学生个性为导向的、整合不同专业内容的多学科整合型课程。

2. 课程与学业制度

为了把控课程定制，将课程分为选修模块与必修模块，引导学生在一定的框架内进行选择。由于学生能力、个性特征以及学习时间等方面存在显著不同，学生可以根据自己的时间安排选择相应课程，在掌握大量理论知识以及具备相应能力基础上展开课程学习，能够促进学生取得良好的学习效果，给予学生自由的选择权十分必要。

对于不同课程，设置的学分也体现出显著差异性。通过学分高低表明课程的重要性，为学生的课程选择提供参考依据。除此之外，课程选择时间并不是固定不变的，将学分作为标准评估学生的学业情况，能够为学生提供充分的选择空间，从而实现课程定制化。

3. 课内、课外相结合的课程模式

在定制化教学过程中，教师除了为学生传授专业知识外，还应该为学生提供课外学习机会，在确保学生掌握专业理论知识的同时，还能够利用课外学习加强自身的优势智能。课外学习的建设和开发，不仅为学生提供了优质的学习资源，更重要的是为学生创造更多的选择空间，提升学生的知识水平，有利于学生全面发展。

（三）专业选择模块

专业作为某个学科门类，是高校按照社会各行各业以及学科体系要求进行分类，根据专业展开教学是高校教学的显著特点。学生在接受教育的期间内，首先要进行专业选择，才能学习专业理论知识。在应用互联网技术的教育环境下，高校定制化教学的专业选择要体现出自由性和灵活性，学生在决策专业的过程中，辅导教师可以凭借自身的人生阅历和长期积累的教学经验，以及对不同专业发展情况的评价和预估，为学生提供指导和帮助。因此，学生可以自由发挥自主选择权。

在决策专业过程中，教师应该为学生提供更多的选择空间，目的是帮助学生发现和明确自身的兴趣爱好和选择倾向，从而选择与学生相匹配并能够促进其发展的专业。此外，系统平台将会记录学生的思考和决策过程，还有学生和教师之间的沟通过程等，这些信息具有补充作用，即完善学生个体模型信息，为将来的教学活动提供参考依据。

关于高校定制化教学的专业选择，除了指学生对专业决策外，还有选择时间上的自由决策，即没有明确规定统一的专业选择时间，学

生能够按照网络平台推荐的信息、兴趣爱好和选择倾向、自己的思想观点等进行时间上的决策，当学生对各专业了解充分时再进行专业选择，则有助于学生有效地规划自己的学业生涯。在整个专业选择过程中，学生充分发挥自身主导功能，成为自己学习的主人。此外，应该为学生提供更多的选择空间，学生能够在一定范围内实现多次选择，帮助学生更加明确自己的选择倾向，同时满足学生专业选择的不同需求。

（四）学生评估

在互联网时代下，高校所推行的定制化教学方式最显著的特点是以学生为主导，并结合多元智力理论，发挥学生独特的优势特点，促进学生快速成长。作为教师，应该充分了解学生的智能优势。经过调查研究发现，在实施定制化教学过程中，大多数学生遇到的最大问题是对自身认知不够准确和全面。为此，应该在应用互联网技术的前提下，准确了解和掌握学生的个人特征，通过教师指导，形成学生评估机制。

通过现代信息技术的发展和应用，获取大量与学生相关的信息，利用信息技术深度分析和探究学生的内在机制和认知结构，常见的信息技术有数据挖掘技术和数据分析技术。除此之外，测量和评价学生之间的差异因素，并对其结果进行归纳和总结，从而形成基于数据、量表以及个体选择的学生模型。在此模型体系中，涵盖学生的全部信息，不仅能够反映学生的个性特点和兴趣爱好，还能够反映学生的认知结构以及思维方式等。

基于学生个体模型的建设，根据教师以往积累的经验，对学生最终的结果给予经验性分析和评估。所以，教育的本质体现在两个方面，一方面教学内容具有一定价值和意义；另一方面培养学生形成正确的思想观点，是导向事物的本源。因此，了解和掌握学生的个性特征至关重要，根据学生特征，选择与之相符的教学内容，从而促进其快速发展；将数据化的科学评估和教师的经验性评估充分地进行融合，从而实行定制化教学方式，将更有利于学生发展。

三、高校定制化教学的系统构建策略

（一）研究学生个体差异

当前的教育模式，由于忽视了学生的个体差异，使学生很大程度上丧失了对自己学习的主动权，这种现象不仅不利于学生个体的发展，也不利于整体教学质量的提升。实现"互联网+教学变革"，用于改变当前这种教学模式。因此，教育研究应转变研究方向，在技术的支撑下，优化教学设计，仔细思考对于不同的学生的教育，关注学生个体，关注教学过程中的异常情况、特殊情况、个别情况，每一个学生个体都是有价值的。研究学生个体差异，了解每位学生的独特需求的时候，才能够真正实现定制化教学。

（二）开发工具用于衡量学生个人能力

互联网时代背景下高校定制化教学将教学的决策权和选择权交还给学生，使学生有权力决定自己的学习时间、进度、内容等。但存在风险，不利于学生个体的发展。学生对自身认知的缺乏，导致不能够寻求更大的发展。为此，要开展定制化教学。作为教师，需要充分了解和掌握学生的个性特征，形成一个准确的认知。此外，高校应该开发一个可以评估学生能力的工具，通过工具以及技术的应用，学生对个人能力的认知会更加清晰和客观，从而促使学生有针对性地培养自身能力。

第五节　互联网时代高校定制化教学的
方案设计研究

一、定制化教学方案设计原则

（一）尊重学生的决策权

归还学生的教育选择权力是高校定制化教学设计的核心，让学生可以参照自己的兴趣爱好和能力，结合当下社会对人才的需求，自主选择适合自己的学习内容、指导教师和学习方向。教师要把学生作为教学主体，尊重学生的选择权和决定权，帮助学生在选择和决策中提升能力，培养学生的责任感和决断力。教师作为教学的主导者，需要根据学生的个人特征给予学生知识方面的指导，帮助学生主动构建意义，转变传统以教师为中心的教学模式，将选择权和决策权还给学生。

（二）系统性与整体性

定制化教学是一个复杂的系统，关涉教学过程中的各个构成因素，这些构成要素要保持一种灵活自由的状态，才能满足不同学生个性化的学习需要。在设计定制化教学方案时，要遵循系统性与整体性原则，不仅要使个别要素满足学生的学习需求，还需要协调该要素与其他相关要素之间的组合关系，并通过反馈信息对教学系统进行调整和完善。只有保持互动过程，将关注点放在学生的个体特征上，不断完善定制化教学方案，才能帮助学生提升智慧和能力，提升学生的学习幸福感。

（三）动态发展性

教学不仅要关注社会价值，还要关注学生自我价值的实现，定制化教学同样如此。定制化教学要把学生培养成为符合社会需求的新型高素质人才，引导学生将社会需求和自我需求相统一。学生是发展中人，其需求也会随着环境变化而发生改变，教师在设计定制化教学方案时，要遵循发展的动态化原则，根据学生个体特征变化，更新学生个人数据，及时把握学生动态发展。教学方案也要不断根据学生个体特征的改变进行调整和完善，以保证促进学生个体的不断发展。

二、高校定制化教学方案

（一）教学方案总体设计

教学方案的设计要着眼于教学活动的全过程，同时具有针对性地指向某一教学内容，除此之外，还要做好与学生的个体模型、专业以及课程相匹配的工作。确定内容、筛选材料、设定教学目标和学习目标、记录学习轨迹、具体的教学方式和教学过程，进行以学生为中心的教学反思等构成教学方案的主要内容。

（二）教学方案标识设计

由于教学设计是建立在学生个体差异基础上，每一位学生都有一套独特的、针对自我的教学方案和学习内容，为了对各不相同的教学方案进行标识，以便后期做好整理和分类，需要给这些教学方案编号。编号后的教学方案可以准确地记录学生的学习过程，还能体现方案的修改和完善过程，为下一步的教学提供分析数据。

学生模型的主要标识是学生的个体性差异，通过分析学生的个体差异，以便更好地帮助学生构建知识、能力结构，发展个性以及思维能力。学生可以通过网络教学平台建构自身个体模型，各学科教师也可以为学生建立学习档案袋，对学生在学习过程中的行为以及学习进度进行实时记录；借助大数据分析技术，对学生的学习档案袋既做定量分析，也要做定性分析，概括总结出每个学生的认知风格、学习习惯以及学习框架，有针对性地为学生推送不同的学习内容或进行符合学生特征的单独化学习辅导；设置标识不仅可以指导下一步教学课程设置、模块设置和评价模式，还能够提高学习效率和学习效果。该方案所包含的学生信息，如选择课程和专业等，能够为后续教学设计提供支撑，有利于高校开展教学管理。

（三）教学方法选择

高校开展定制化教学要选择与学生模型相适应的教学方法，从学生的认知风格、个性特征、学习框架和能力结构等方面进行综合考虑和选择。只有选择合适的教学方法才能实现教学目标，运用教学手段将知识传递给学生。此外，在选择教学方法时，还要考虑教学内容的特点，不同的教学方法适合不同的教学内容，教师应采取混合式教学方法，取长补短，运用不同的教学方法指导学生学习，满足学生的个性化需求。学生作为学习主体，可以主动选择定制化教学中的学习方法，同时，教师要发挥引导者的作用，利用积累的智慧和经验整合各种教学方法，在整合基础上实现创新，更好地满足学生的个性化学习需求。

（四）教学评价

高校定制化教学中的教学评价借助大数据相关技术，能够科学全面地收集、分析数据，从数据中发现学生在教学过程中存在的问题，找到出现问题的本质原因，是一种更为客观同时具有先进性的教学评价。互联网时代背景下的高校定制化教学评价，可以有效地检测教师教学目标实现的程度，帮助教师了解学生的学习情况，以方便后续教学工作的开展；对于学生来说，高校定制化教学评价可以给学生以科学及时地反馈，帮助学生提高学习效率，增强学习效果；对于学校来说，这一教学评价可以使学校从整体上把握学生的学习情况，进而及时调整教学策略和教学方法。

高校定制化教学评价采集所有学生学习过程中的全部数据，评价体系内容更加全面，包括学生的创新能力、个性和思维的发展以及实践应用能力等，是互联网时代下对学生发展的一种全面评价，评价标准更加多元化。评价的最终目的是帮助学生发现问题，进而审视和反思自己的学习选择，一步步完善定制化教学方案，真正促进学生全面、自由地发展。

参考文献

［1］李熙. 互联网+时代高校学生管理模式的转变及创新［M］. 长春：东北师范大学出版社，2017.

［2］王宝堂. 当代高等教育管理与实践路径研究［M］. 青岛：中国海洋大学出版社，2018.

［3］陈启文. 论我国高等教育的发展趋势［J］. 湖南社会科学，2006，（05）：163-165.

［4］陈素. 互联网时代继续教育活动中自主学习能力的培育［J］. 继续教育研究，2017，（10）：113-115.

［5］程璐楠，韩锡斌，程建钢. MOOCs平台的多元化创新发展及其影响［J］. 远程教育杂志，2014，32（02）：58-66.

［6］段强. 浅析互联网背景下高校课堂教学改革的模式探析［J］. 青春岁月，2018，（07）：103.

［7］高雪，张海成，夏倩．"互联网+"背景下的高校教学管理［J］．农家参谋，2017（17）：63.

［8］韩锡斌，葛文双，周潜，等．MOOC平台与典型网络教学平台的比较研究［J］．中国电化教育，2014（01）：61-68.

［9］胡玲．互联网+背景下高校课堂教学模式改革研究［J］．劳动保障世界，2017（36）：76.

［10］胡铁生．微课的内涵理解与教学设计方法［J］．广东教育（综合版），2014（04：）：33-35.

［11］黄德群．基于高校网络教学平台的混合学习模式应用研究［J］．远程教育杂志，2013，31（03）：64-70.

［12］来阳，韩璐．"互联网+"背景下高校混合式教学模式探究［J］．黑龙江畜牧兽医（上半月），2019，（07）：164-169.

［13］李天文．高中信息技术自主学习模式的应用研究［D］．济南：山东师范大学，2013：30-32.

［14］李小蓉．互联网时代创新高校教育管理的思考与对策［J］．企业文化（中旬刊），2018，（07）：221.

［15］梁兴连，张诗亚，罗江华．"互联网+"变革高校教学的教育技术文化坐标［J］．现代远程教育研究，2019，31（06）：39-51.

［16］刘刚，李佳，梁晗．互联网时代高校教学创新的思考与对策［J］．中国高教研究，2017（02）：93-98.

［17］刘丽．"互联网+"背景下有效教学理论对高校课堂改革的意义［J］．山西师大学报（社会科学版），2017，44（06）：103-106.

［18］卢晓中. 高等教育质量发展的五大趋势［J］. 大学教育科学, 2019,（05）: 6-9.

［19］卢燕. 互联网时代如何促进高校青年教师专业化发展［J］. 中国成人教育, 2018,（18）: 151-153.

［20］陆丽香. 互联网时代中小学体验教学变革研究［D］. 重庆: 西南大学, 2019: 32-34.

［21］门爱华. "互联网+"教育模式下高校教学新生态的研究［J］. 赤峰学院学报（自然科学版）, 2019, 35（06）: 152-154.

［22］潘懋元, 陈斌. "互联网+教育"是高校教学改革的必然趋势［J］. 重庆高教研究, 2017, 5（01）: 3-8.

［23］齐翊如. "互联网+"背景下高校思政教学的改革［J］. 西部素质教育, 2019, 5（23）: 44.

［24］邱金平. 浅谈互联网时代教师信息素养内涵演进及其提升策略［J］. 农村经济与科技, 2019, 30（20）: 284-285.

［25］宋紫月. 互联网时代的高校课堂教学变革研究［D］. 延安: 延安大学, 2018: 25-30.

［26］唐思源, 白金牛, 苗玥. "互联网+"背景下高校定制化教学的研究［J］. 当代教育实践与教学研究, 2019（03）: 9-10.

［27］王俊羊. 互联网+对高校教学中的影响［J］. 信息与电脑（理论版）, 2017（21）: 217-218.

［28］王宁, 琚向红, 葛正鹏. 开放教育网络课程学习满意度影响因素［J］. 开放教育研究, 2014, 20（06）: 111-118.

［29］魏则文．互联网时代我国高校教与学问题及对策研究［D］.西安理工大学，2018：43-49.

［30］文丰安．我国高等教育质量保障的发展趋势［J］．继续教育研究，2009，（06）：55-57.

［31］武志玮．互联网+背景下高校课堂教学规范化方法研究［J］.科教导刊（下旬），2017（10）：40-41.

［32］徐建中，张伟国，倪晔．在互联网时代如何做一名合格的高校教师的几点思考［J］．赤子，2018，（18）：109-110.

［33］叶帅华．"互联网+"背景下高校教育教学方式改革思考［J］．高教学刊，2019，（16）：149-151.

［34］余胜泉，王阿习．"互联网+教育"的变革路径［J］．中国电化教育，2016（10）：1-9.

［35］张达文．互联网时代下高校思政教育的挑战与发展［J］．山东农业工程学院学报，2018，35（10）：80-81.

［36］张弘，伊松．"互联网+教学管理"：高校教学管理信息化创新探析［J］．北华大学学报（社会科学版），2018，19（05）：153-156.

［37］张文．"互联网+"背景下高校定制化教学研究［D］．江苏：江苏师范大学，2017：25-30.

［38］张有文．互联网时代教学方式的变革［D］．济南：山东师范大学，2017：24-54.

［39］张忠．大规模开放在线课程设计研究［D］．武汉：华中师范

大学，2014：25-26.

[40] 郑奇，杨竹筠. SPOC：结合高校教学的融合创新 [J]. 物理与工程，2014（01）：17-20.

[41] 宗荣荣，陈国梁. "互联网+"背景下高校教学管理模式探究 [J]. 才智，2019（04）：138.